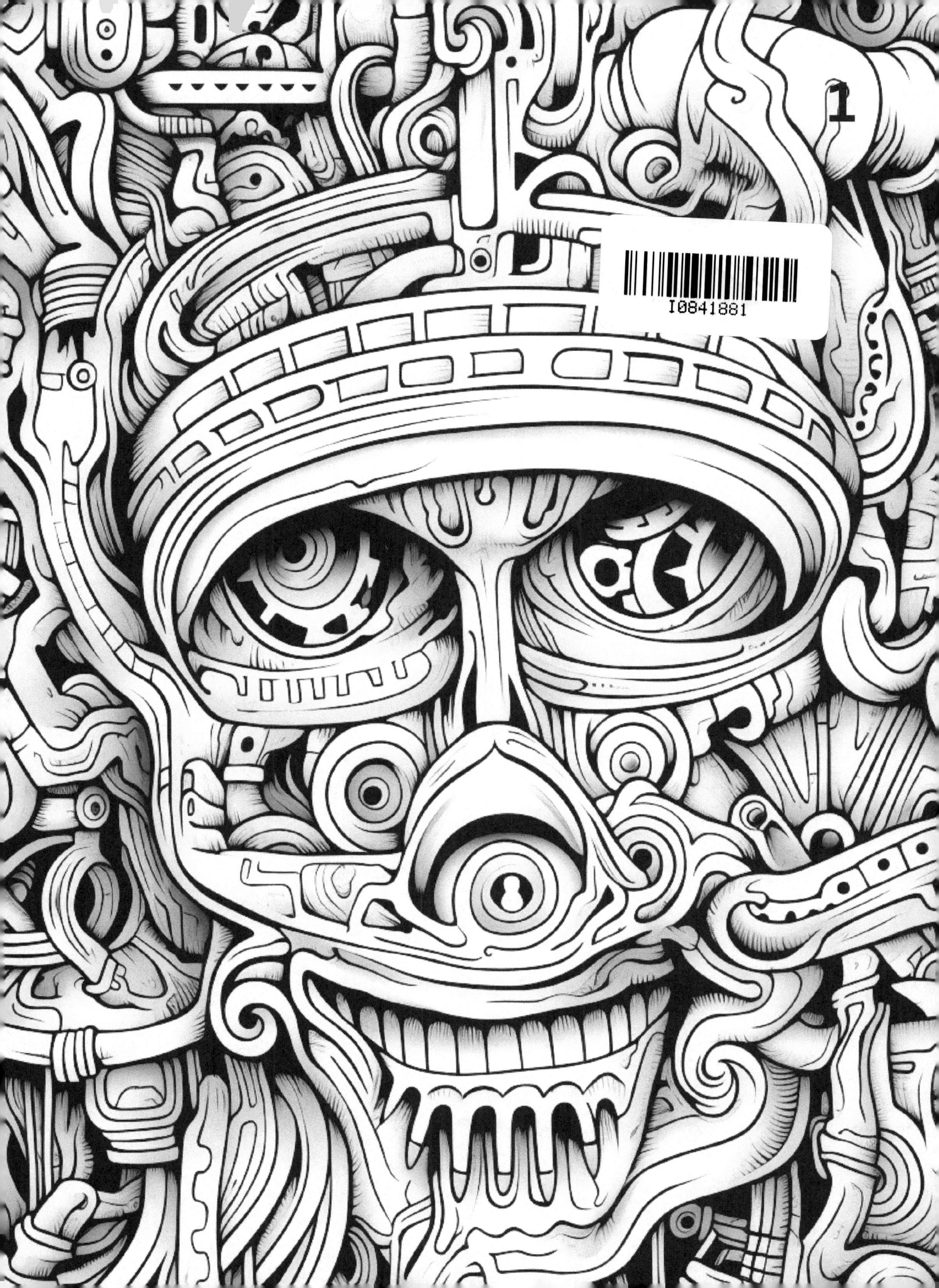
1
I0841881

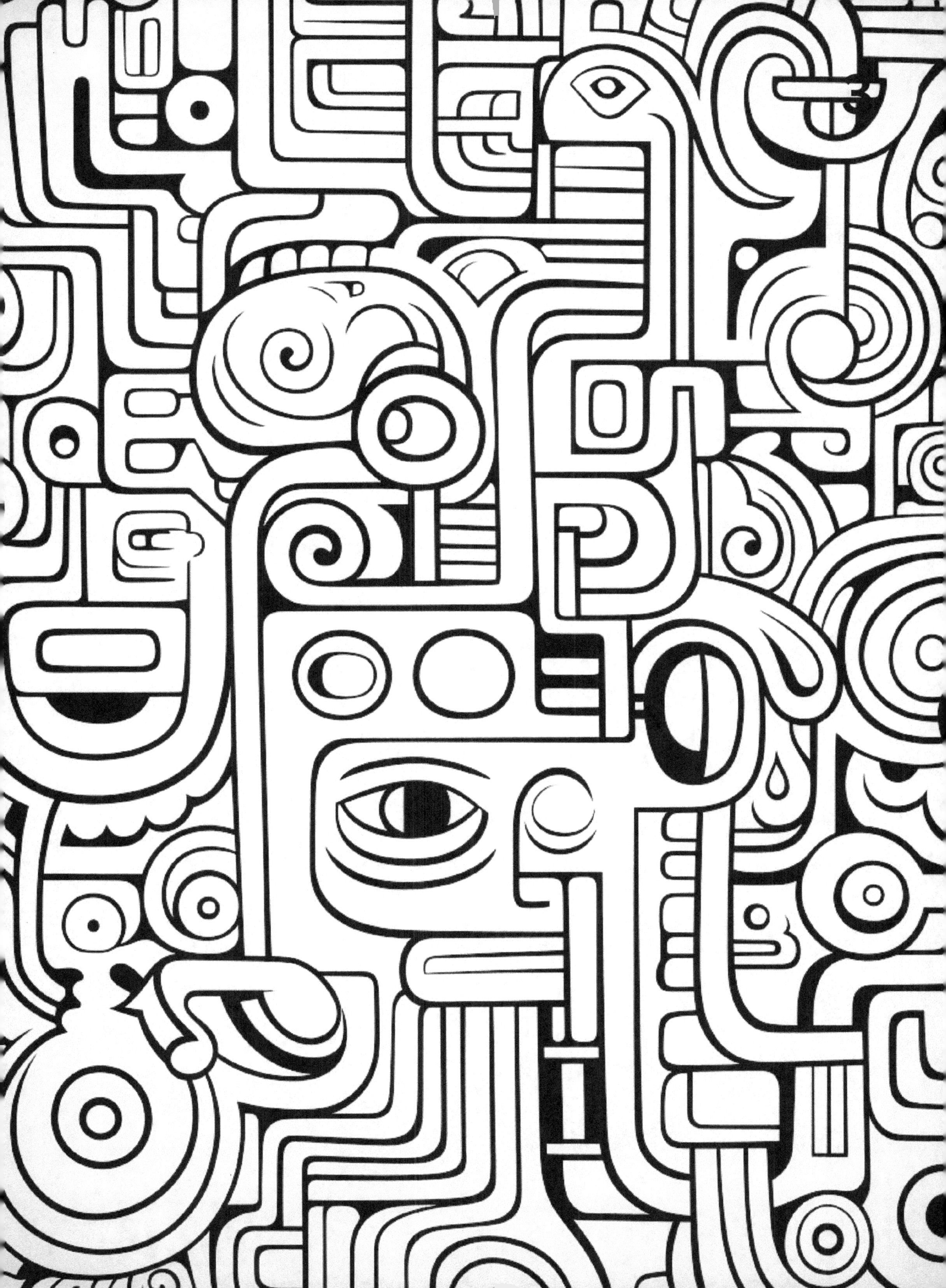

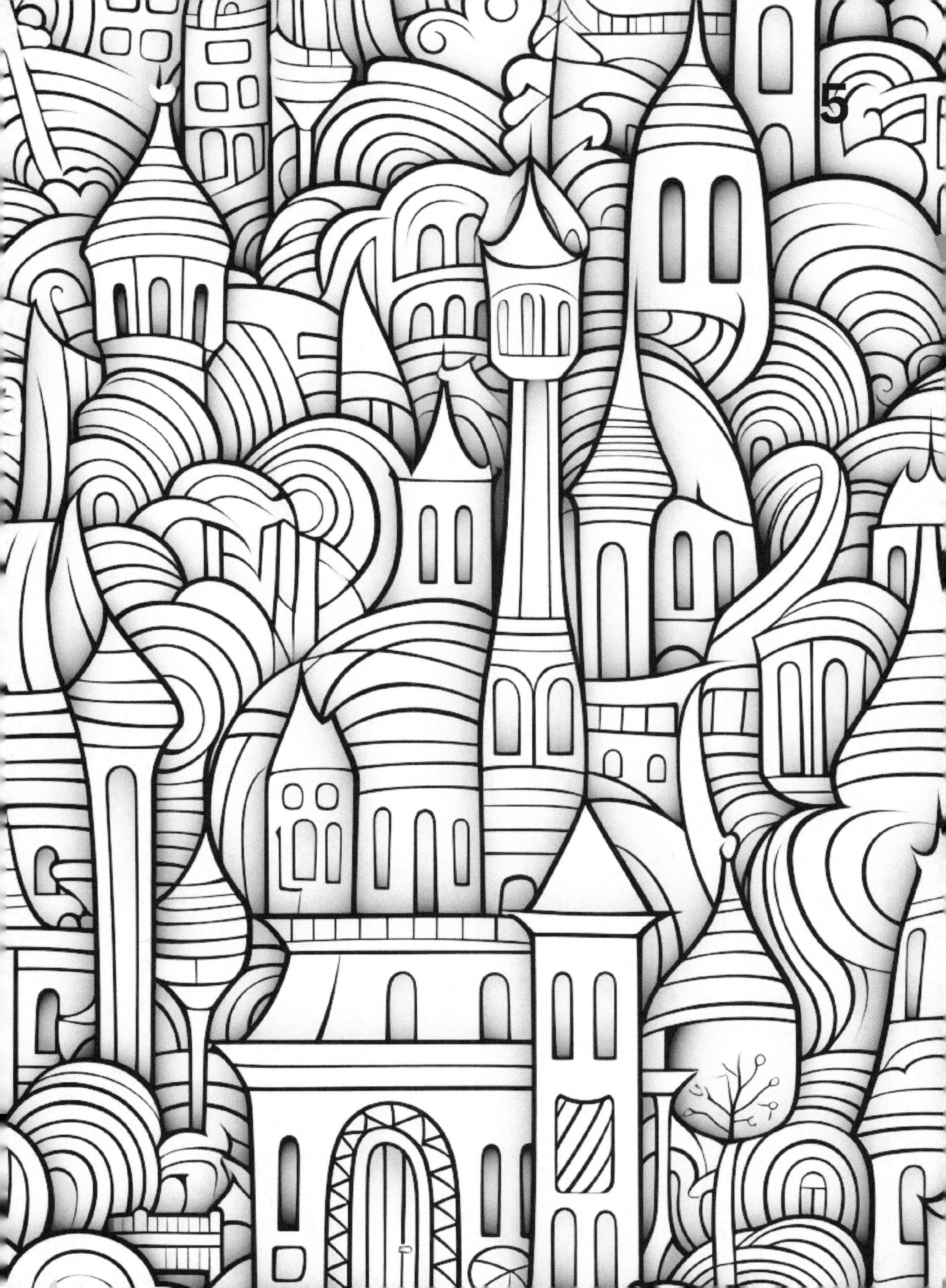
5

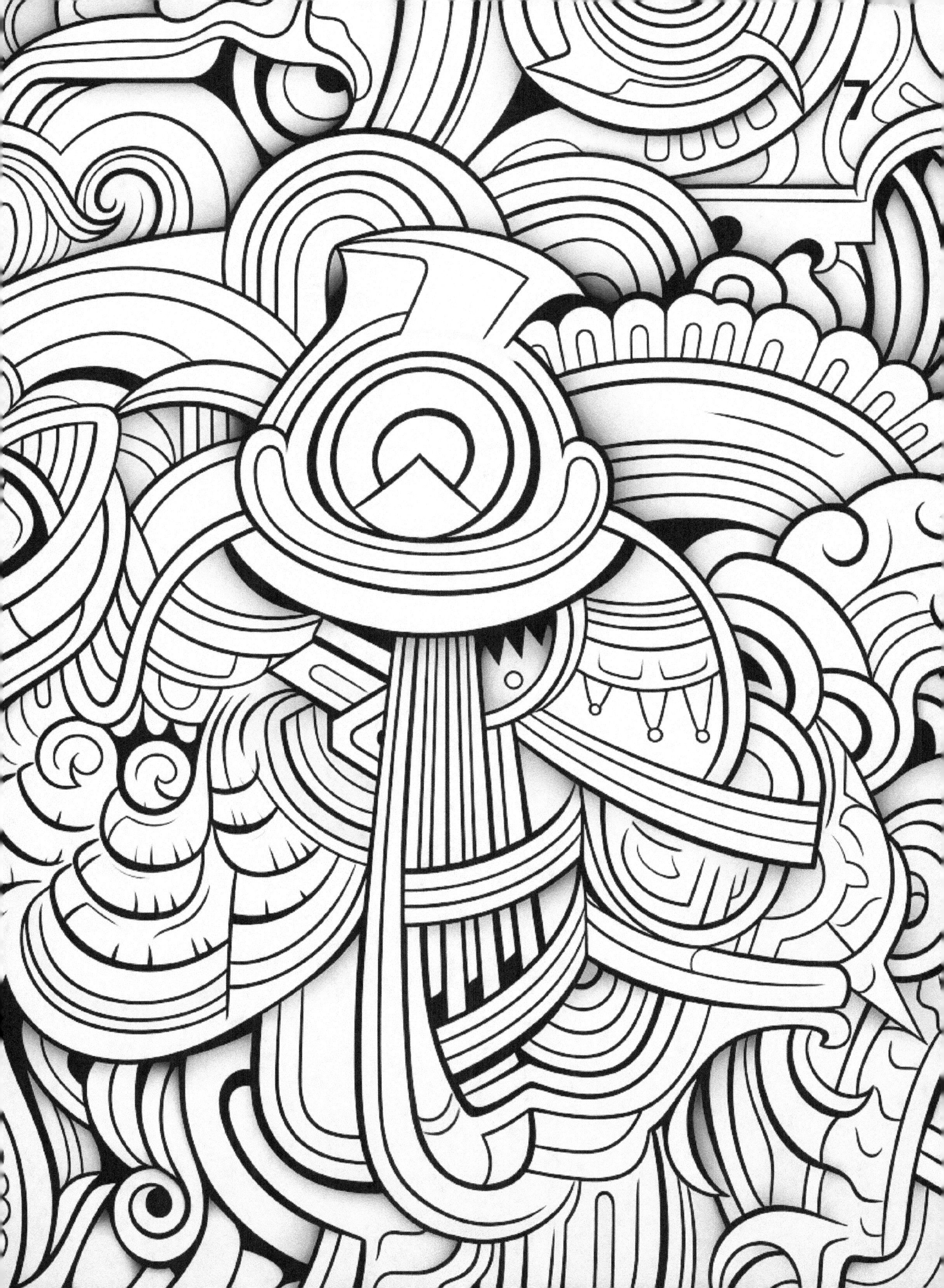

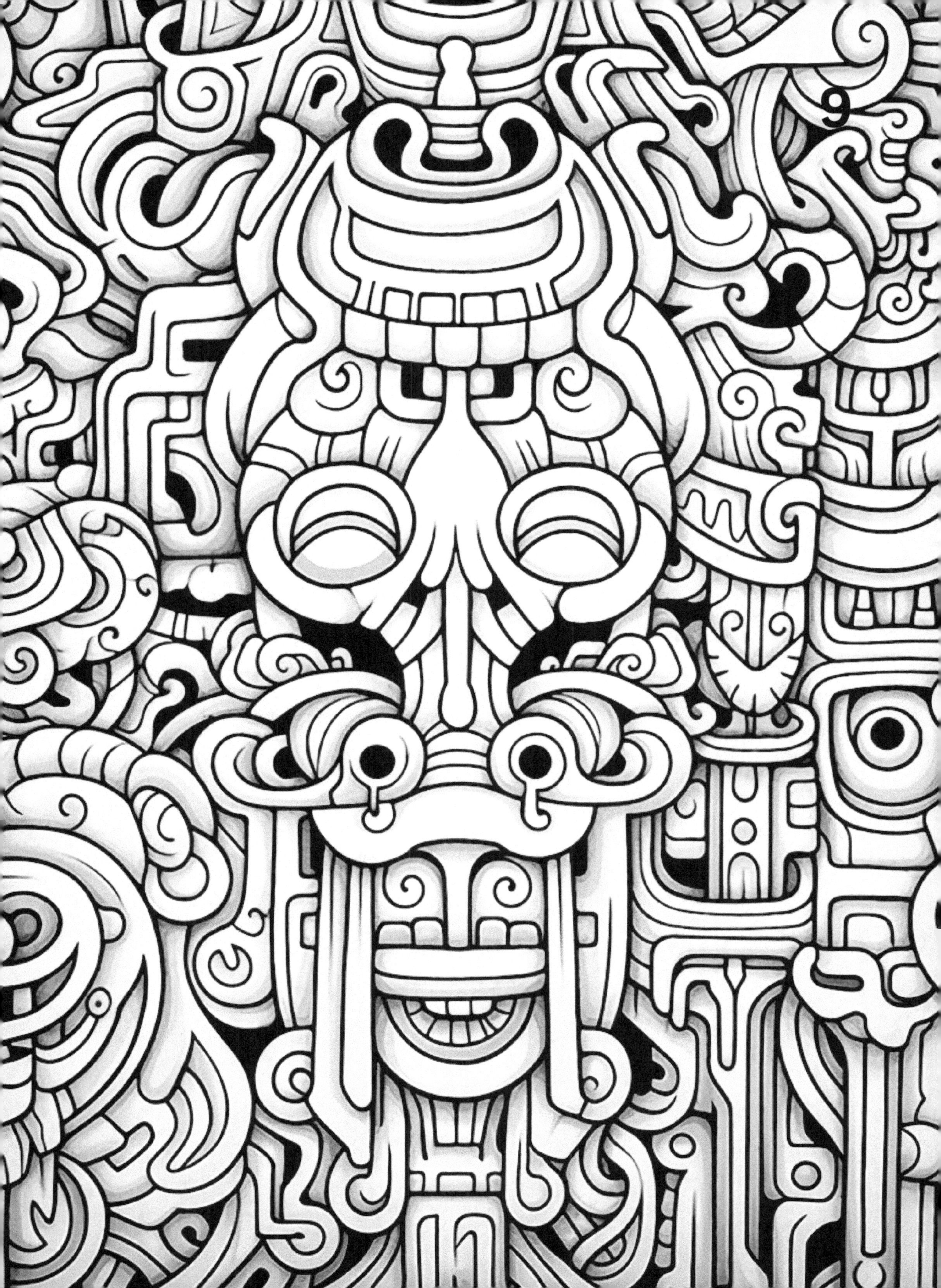

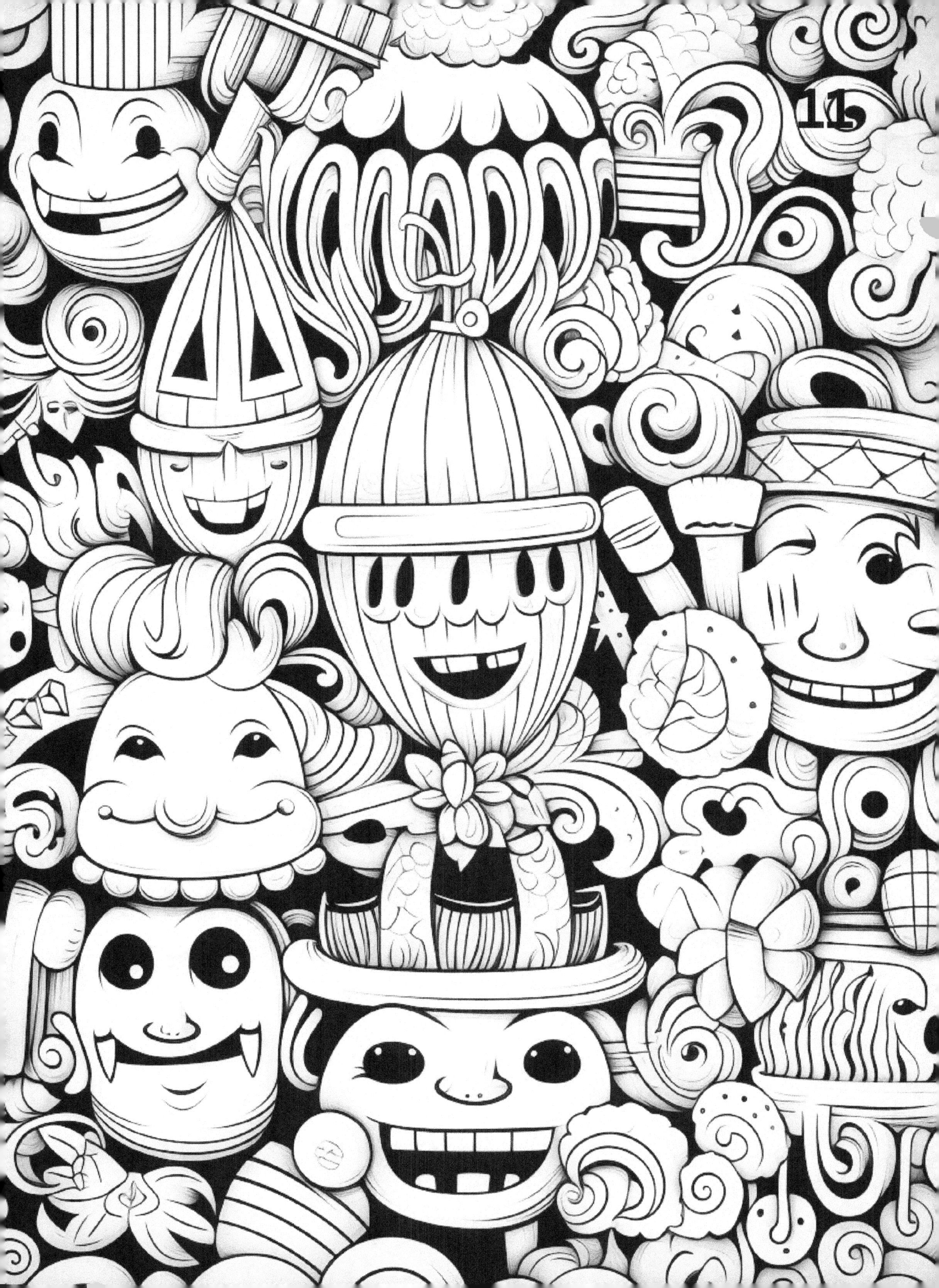

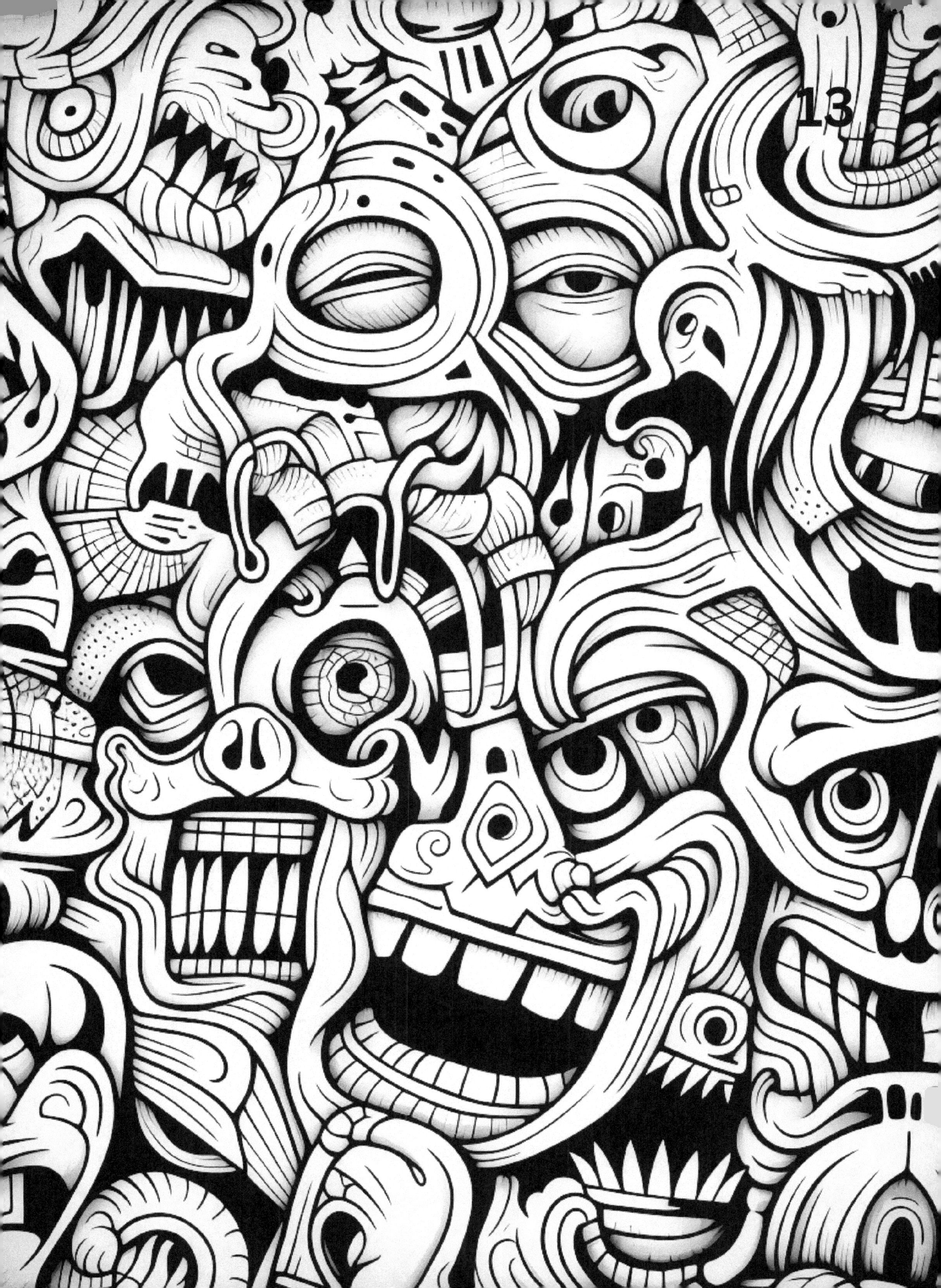

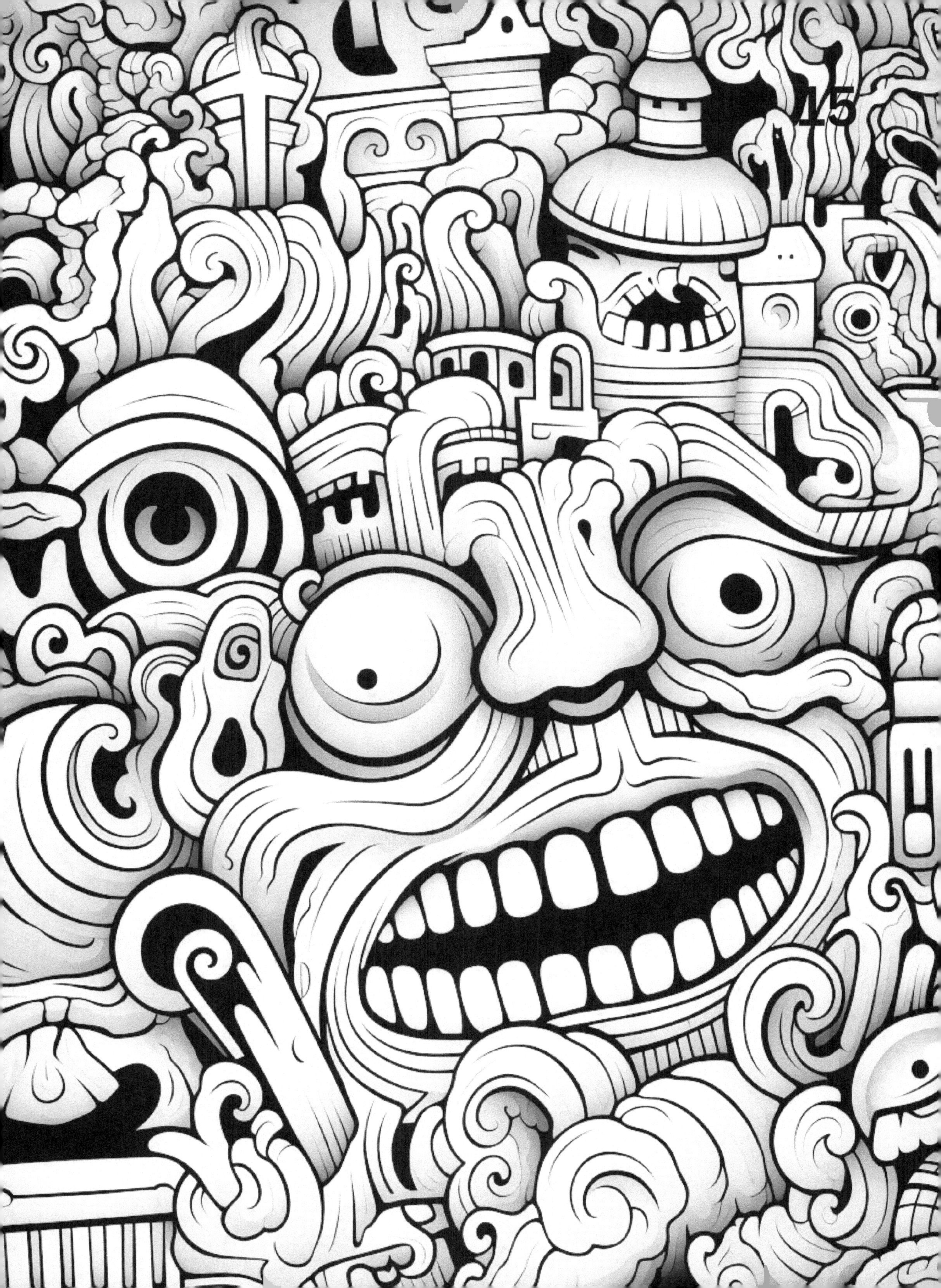
15

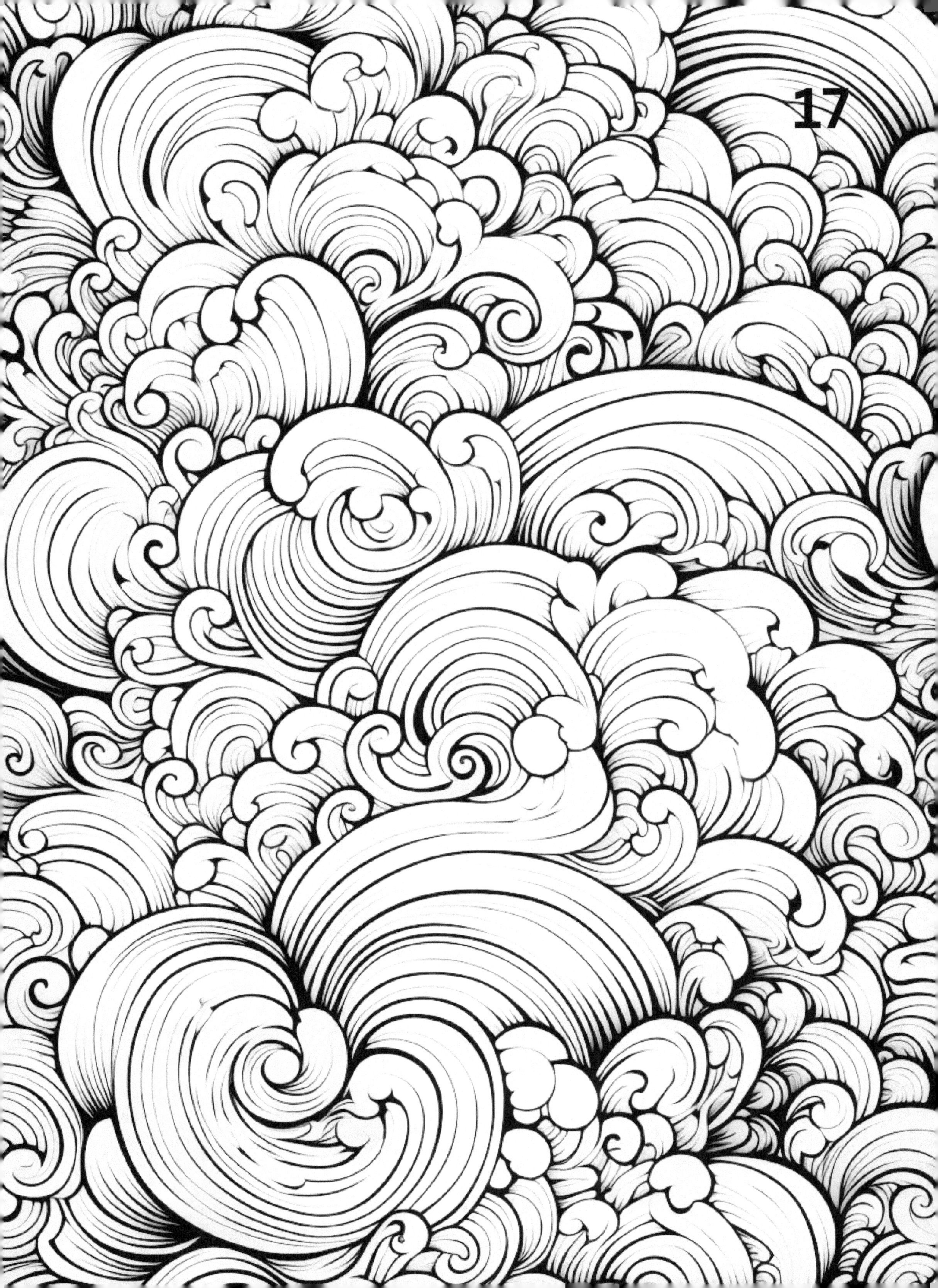

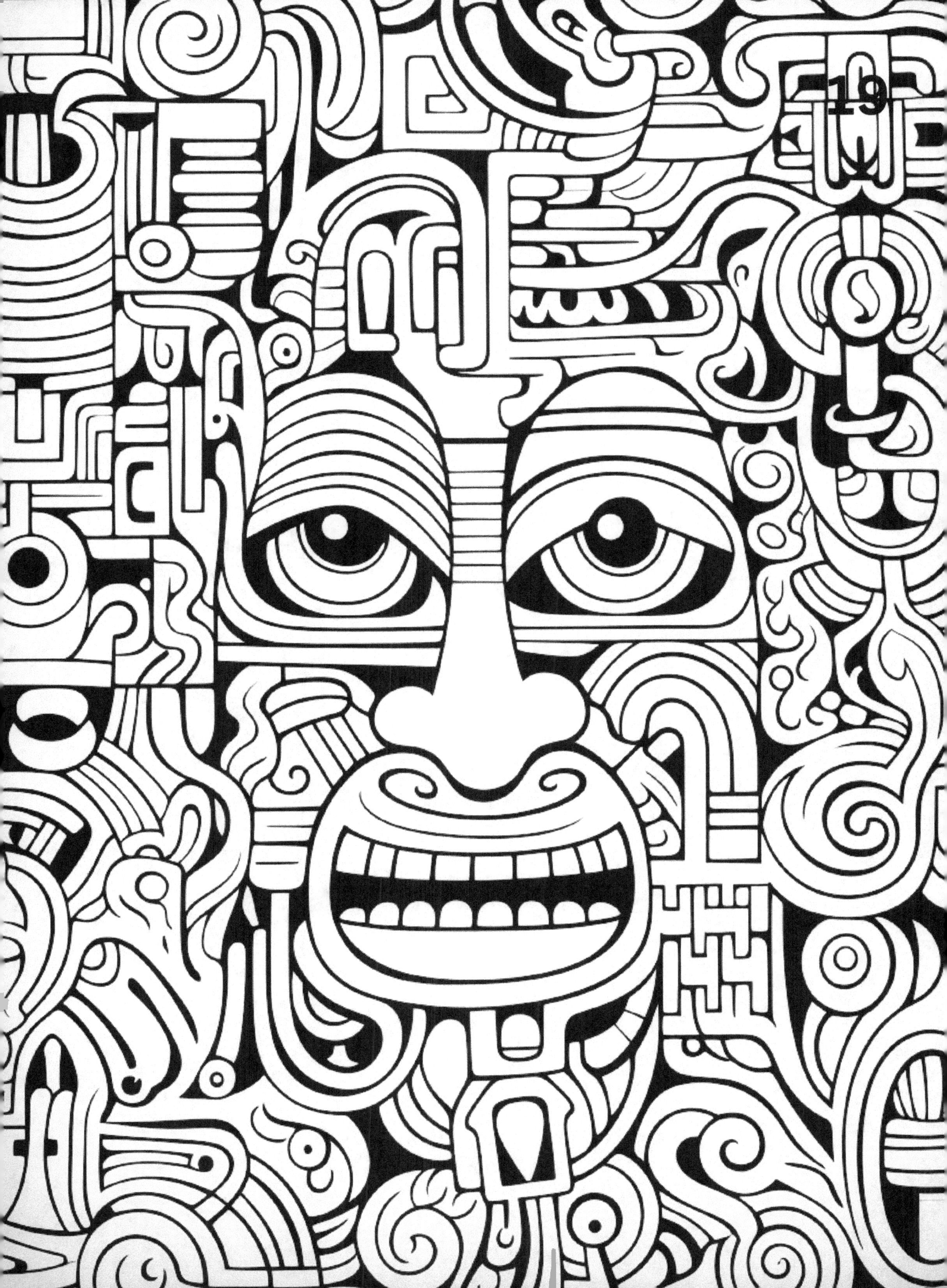
19

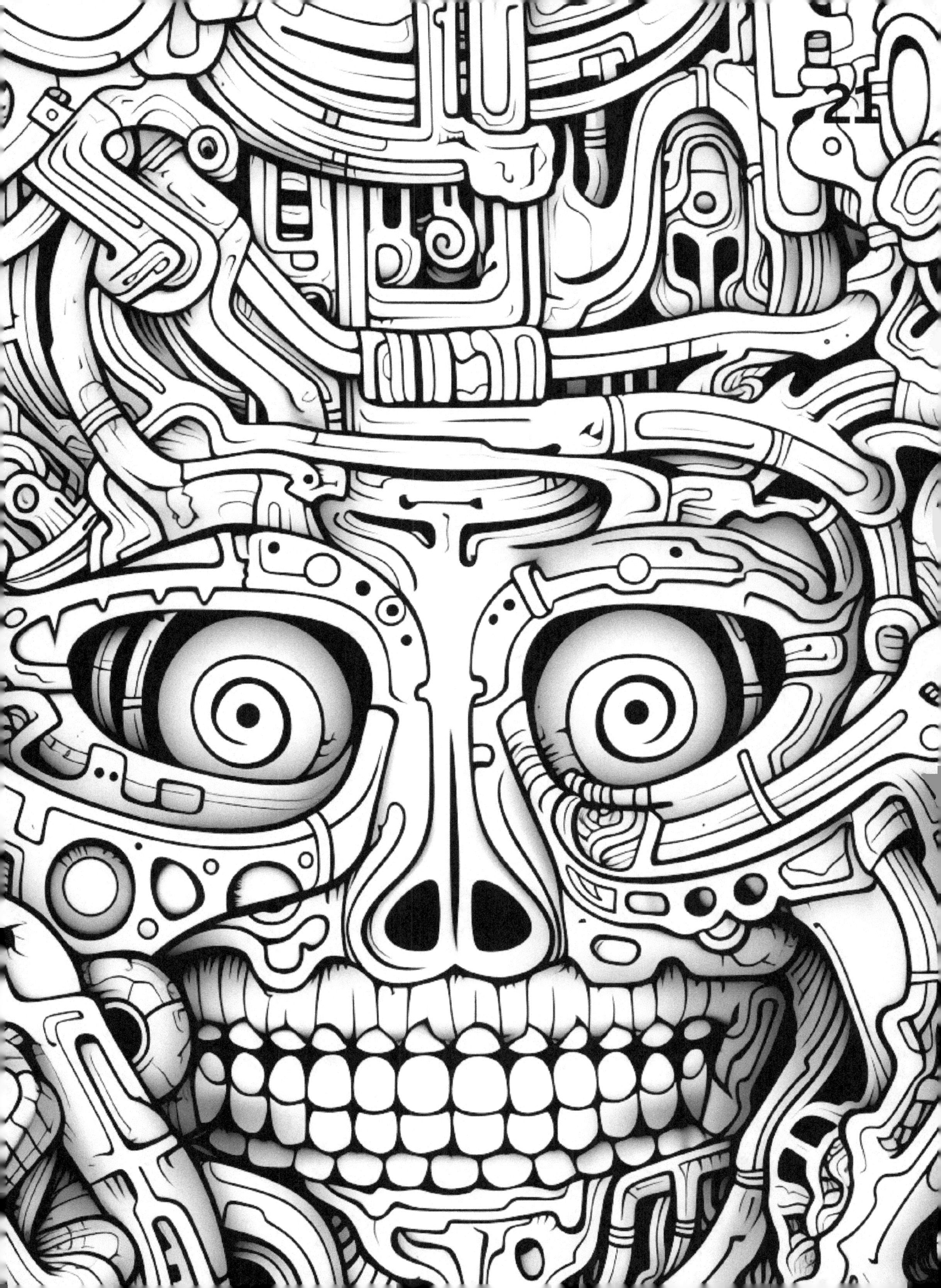

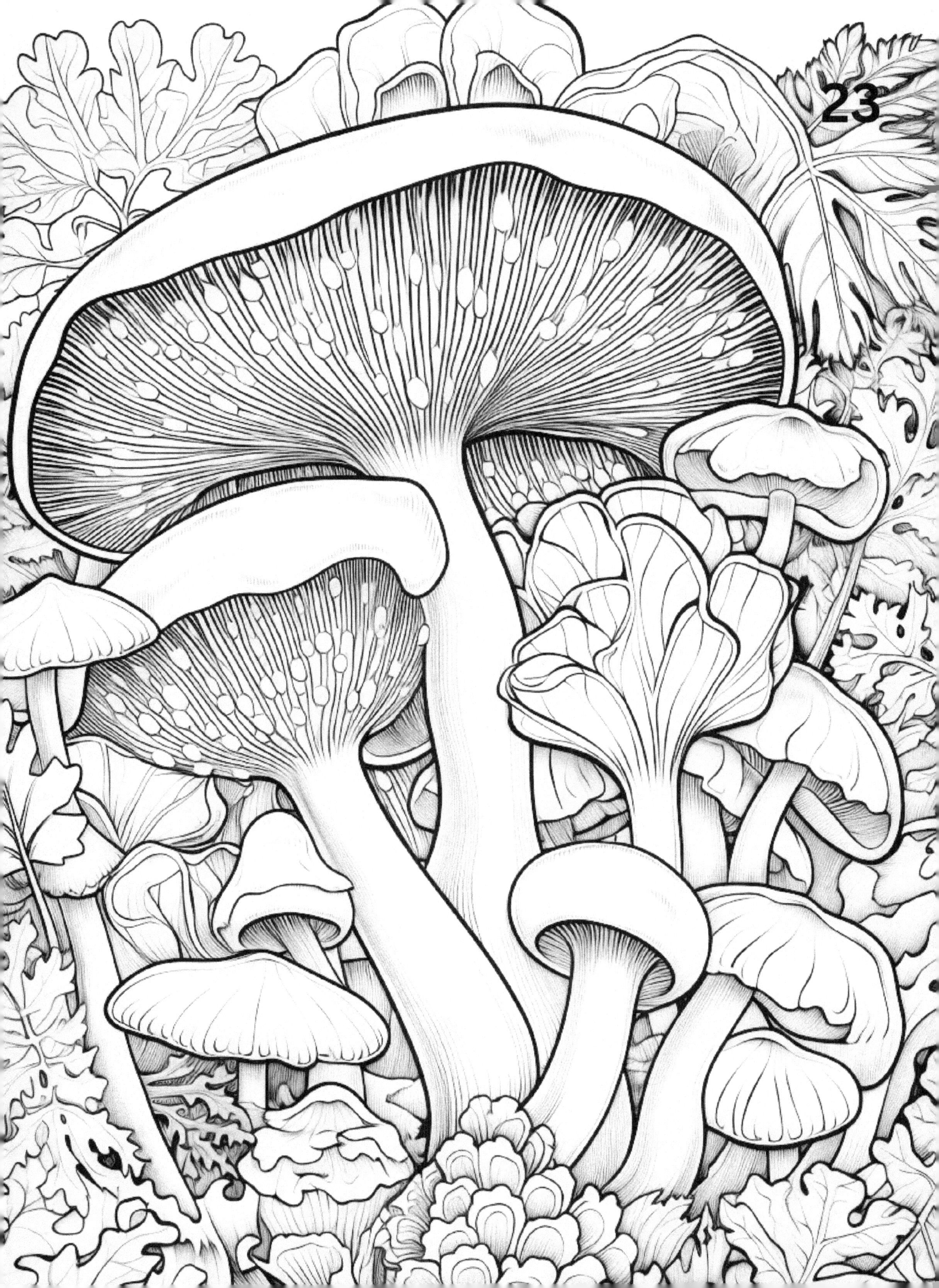

24

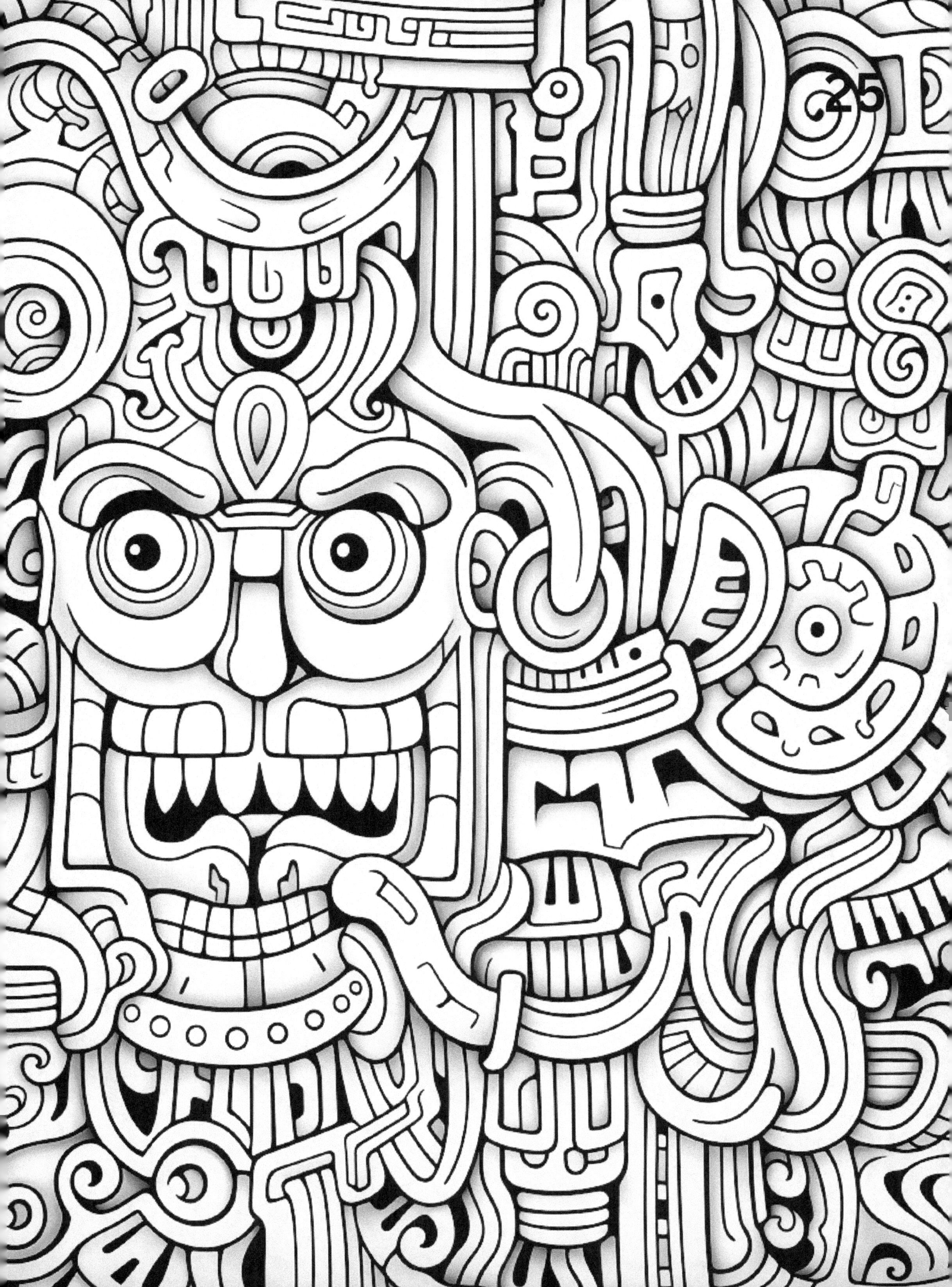

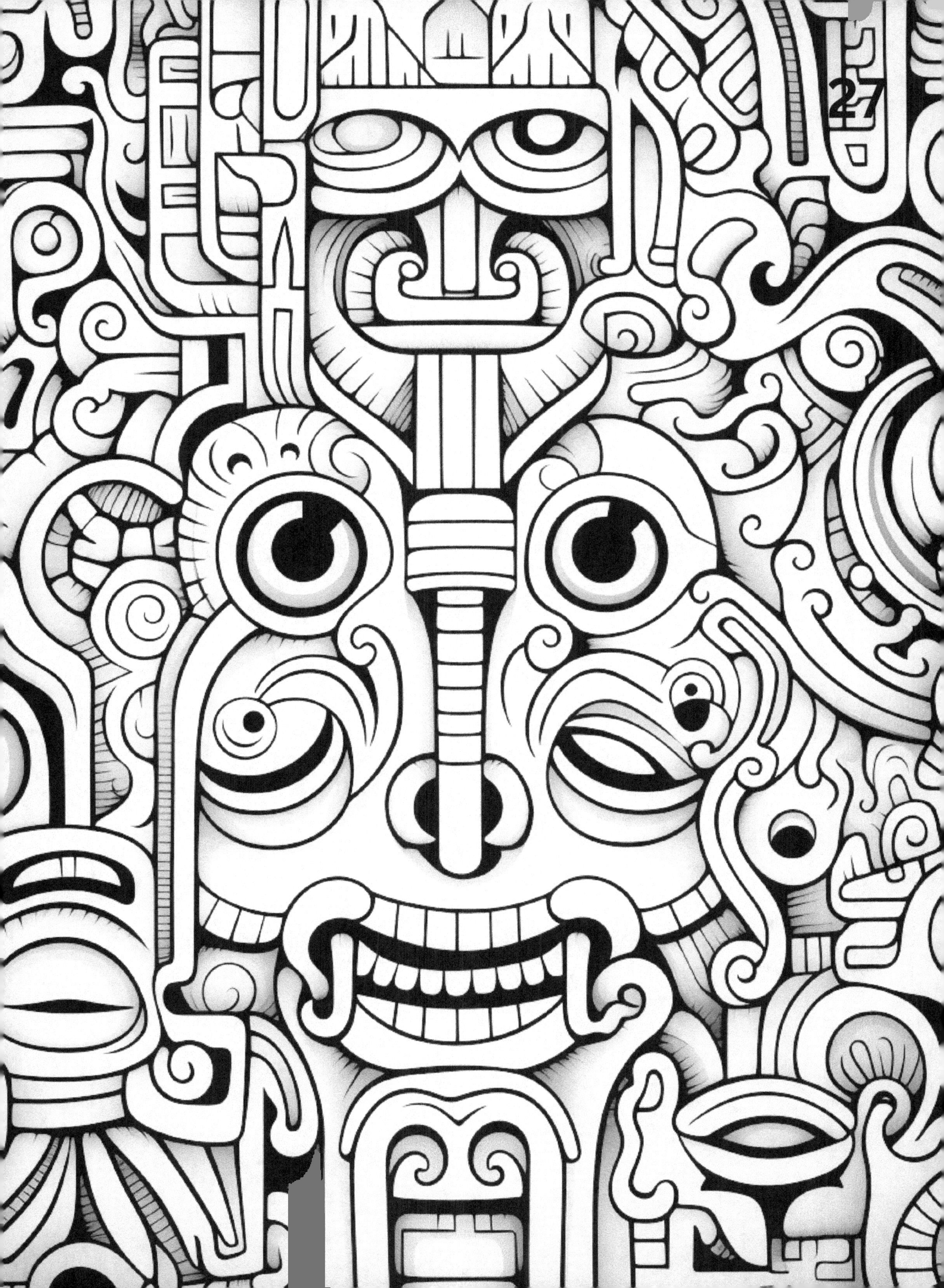

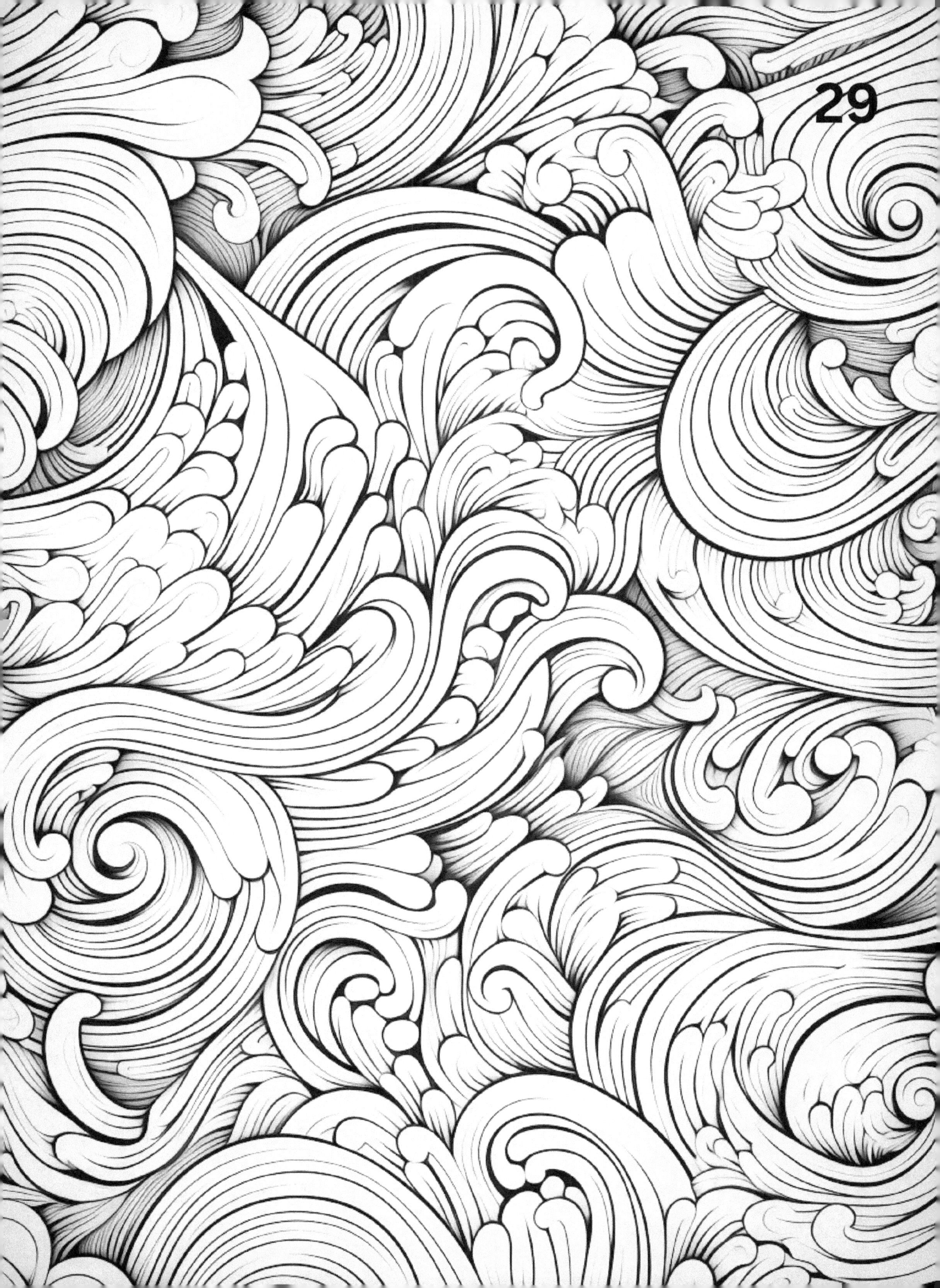

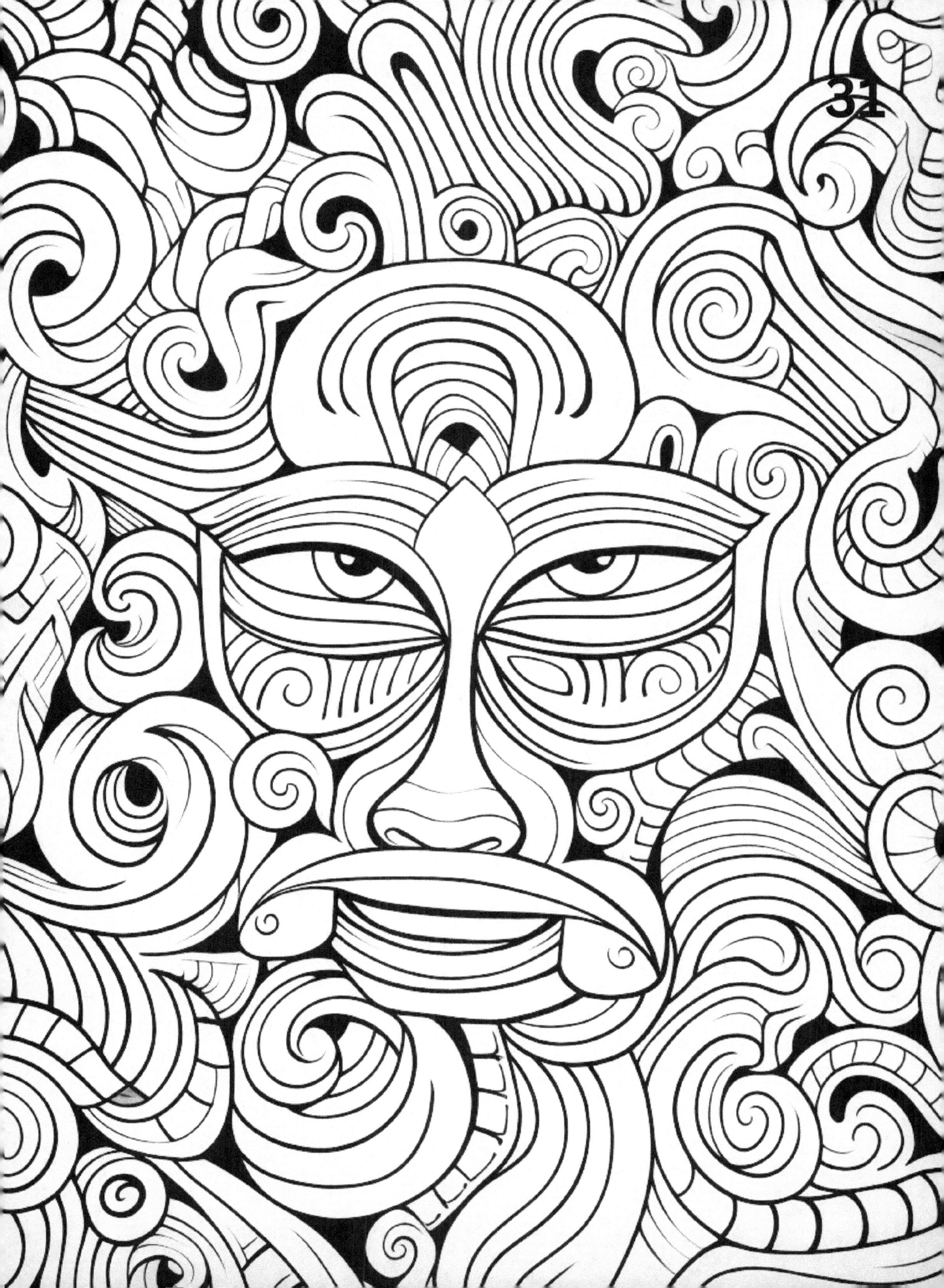

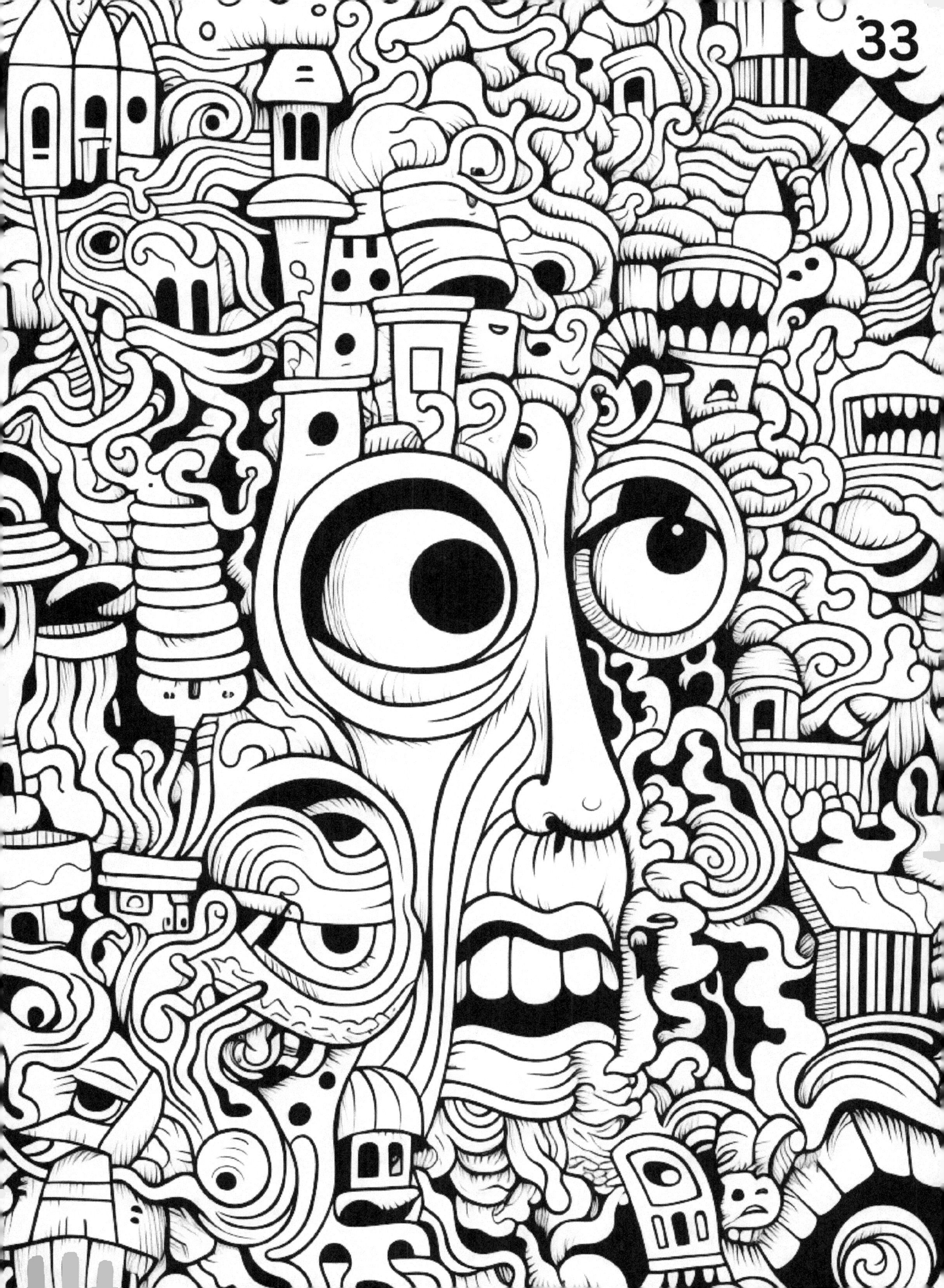

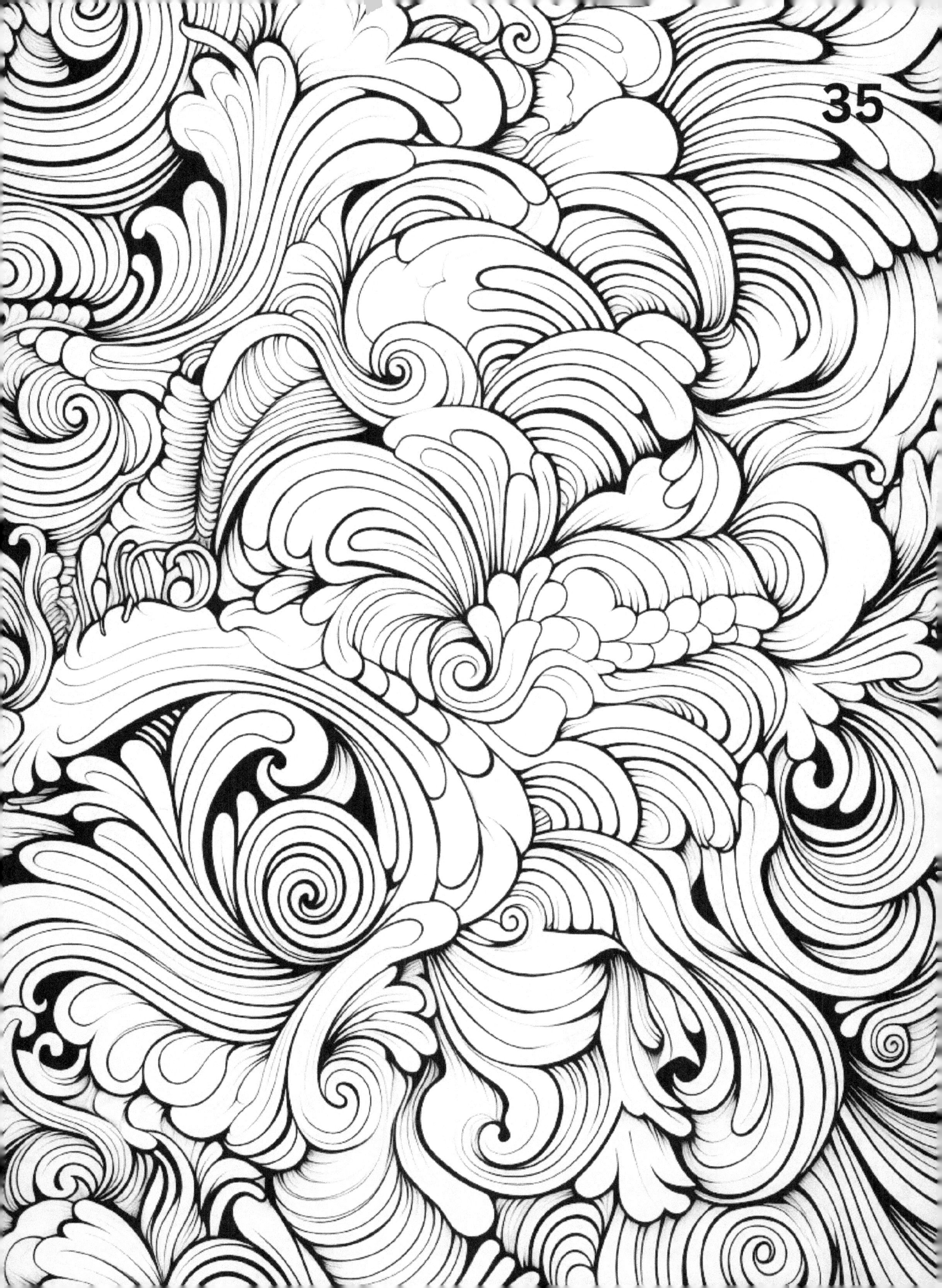

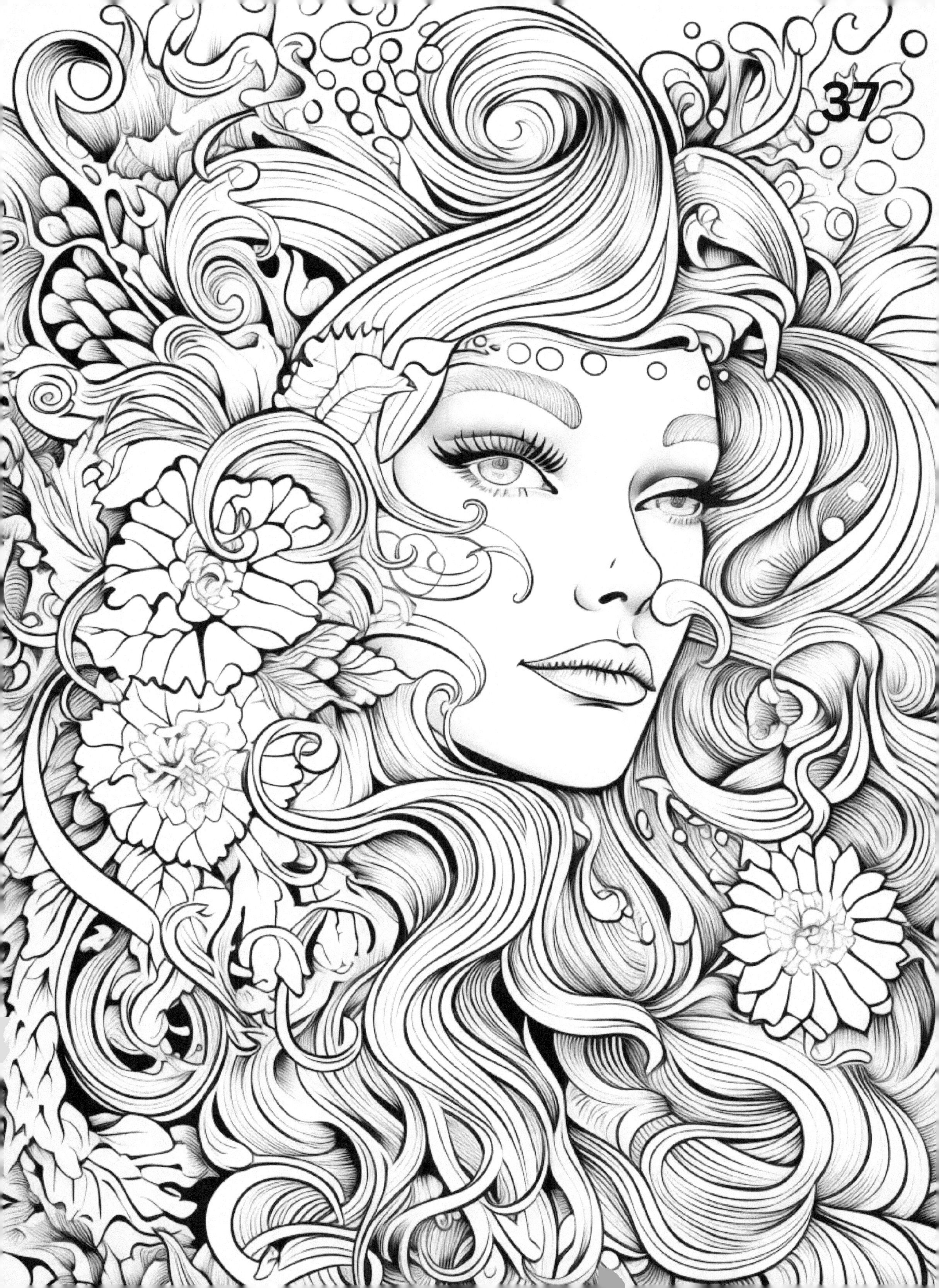

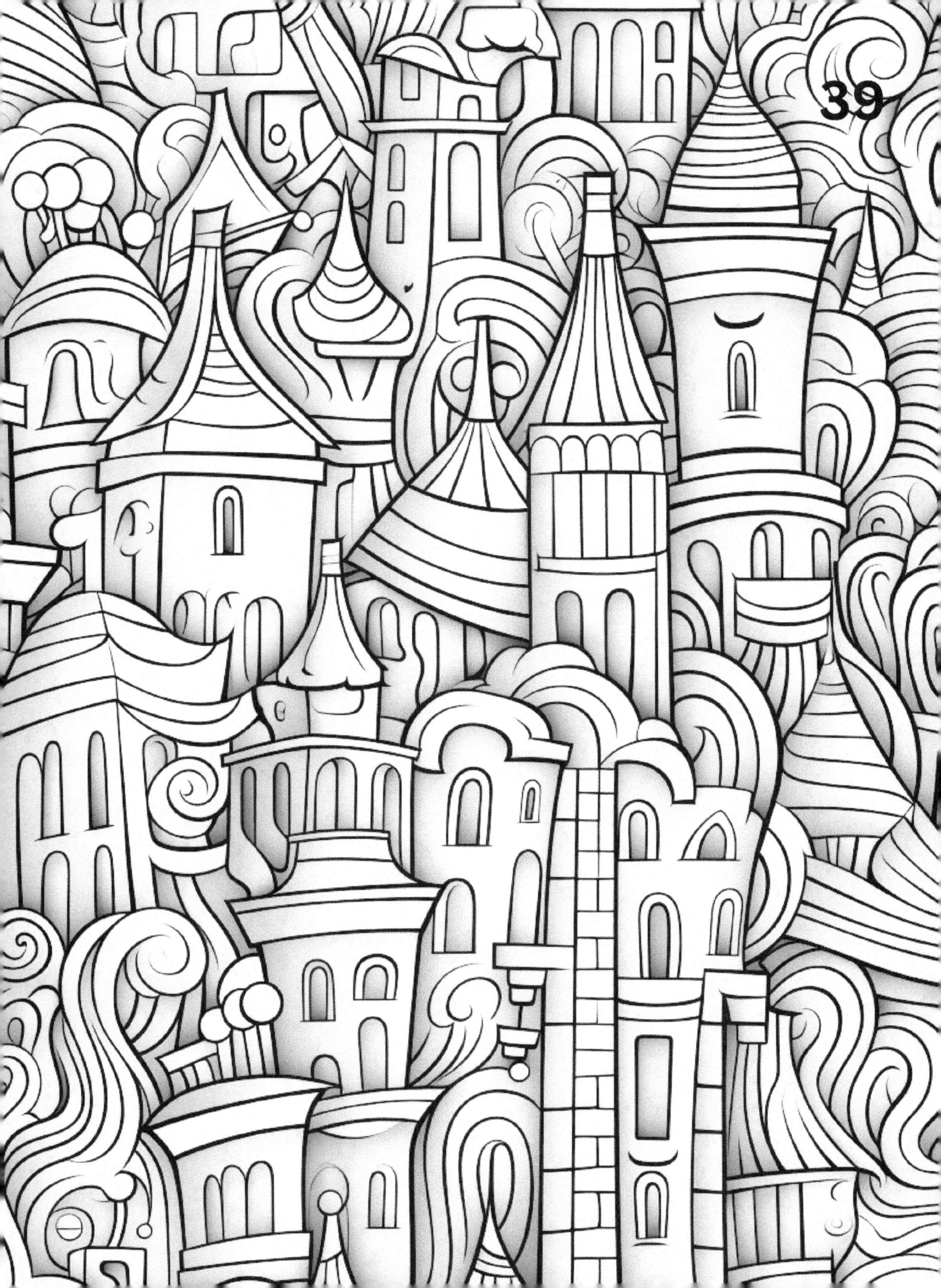

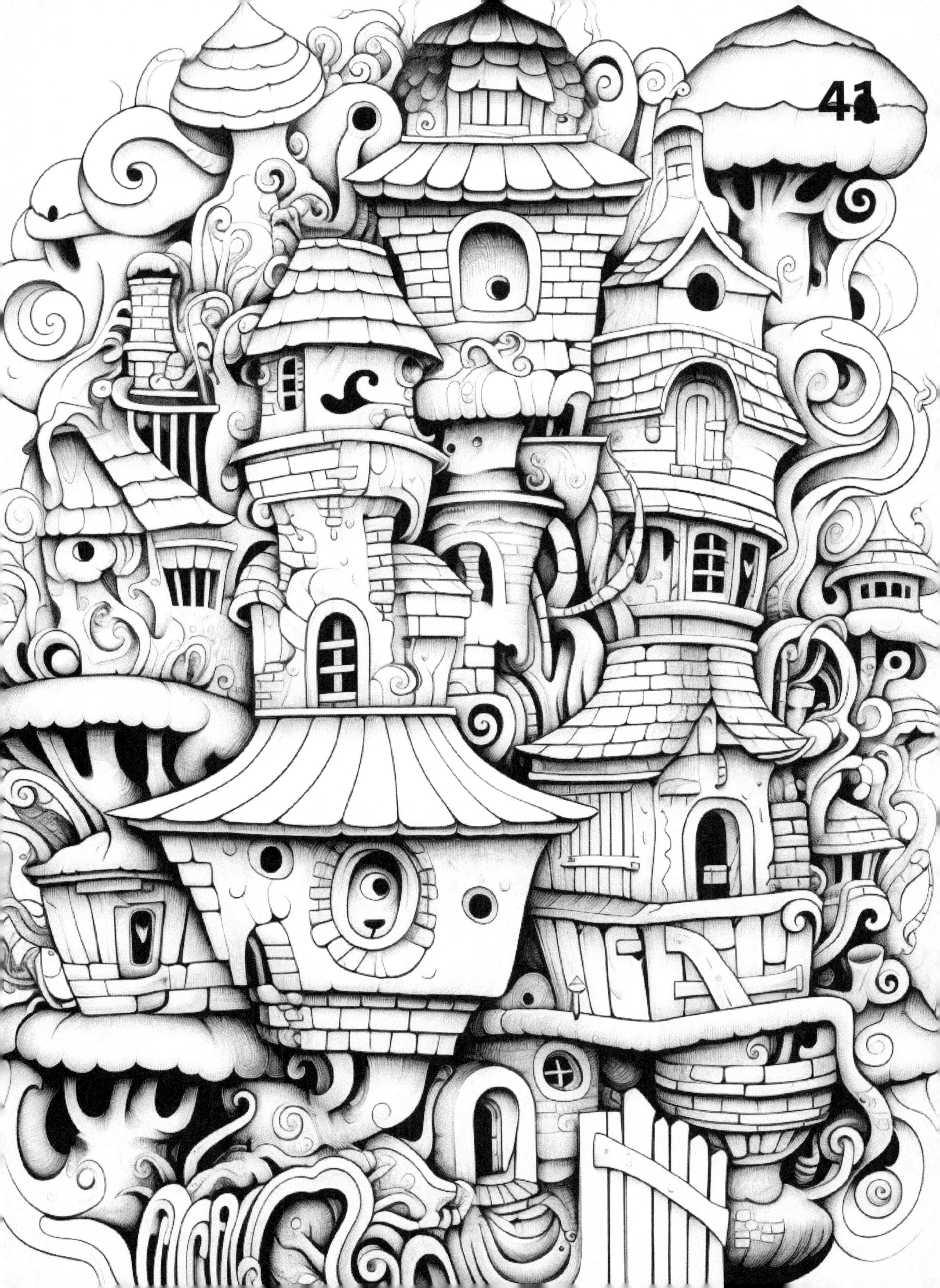

41

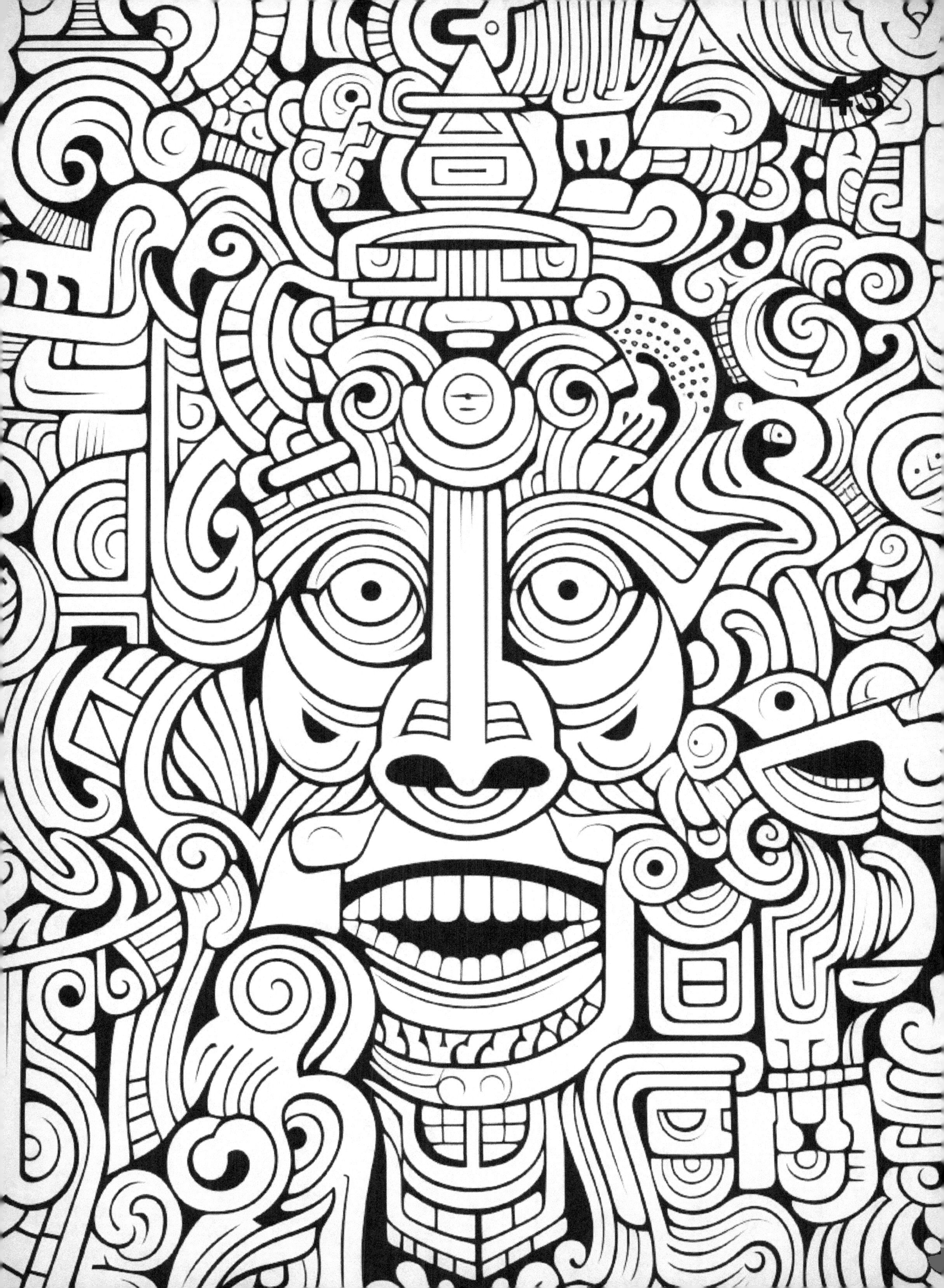

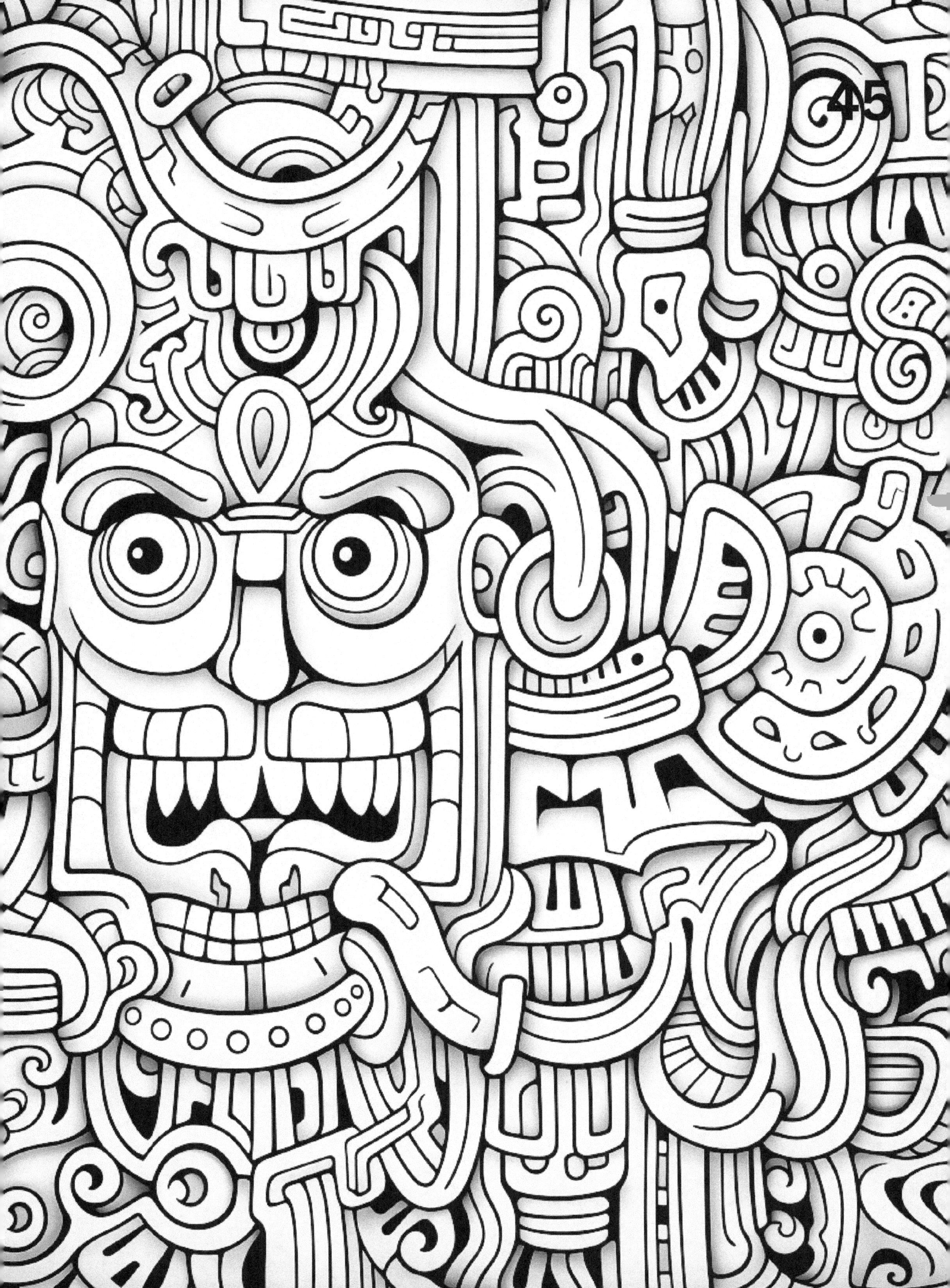

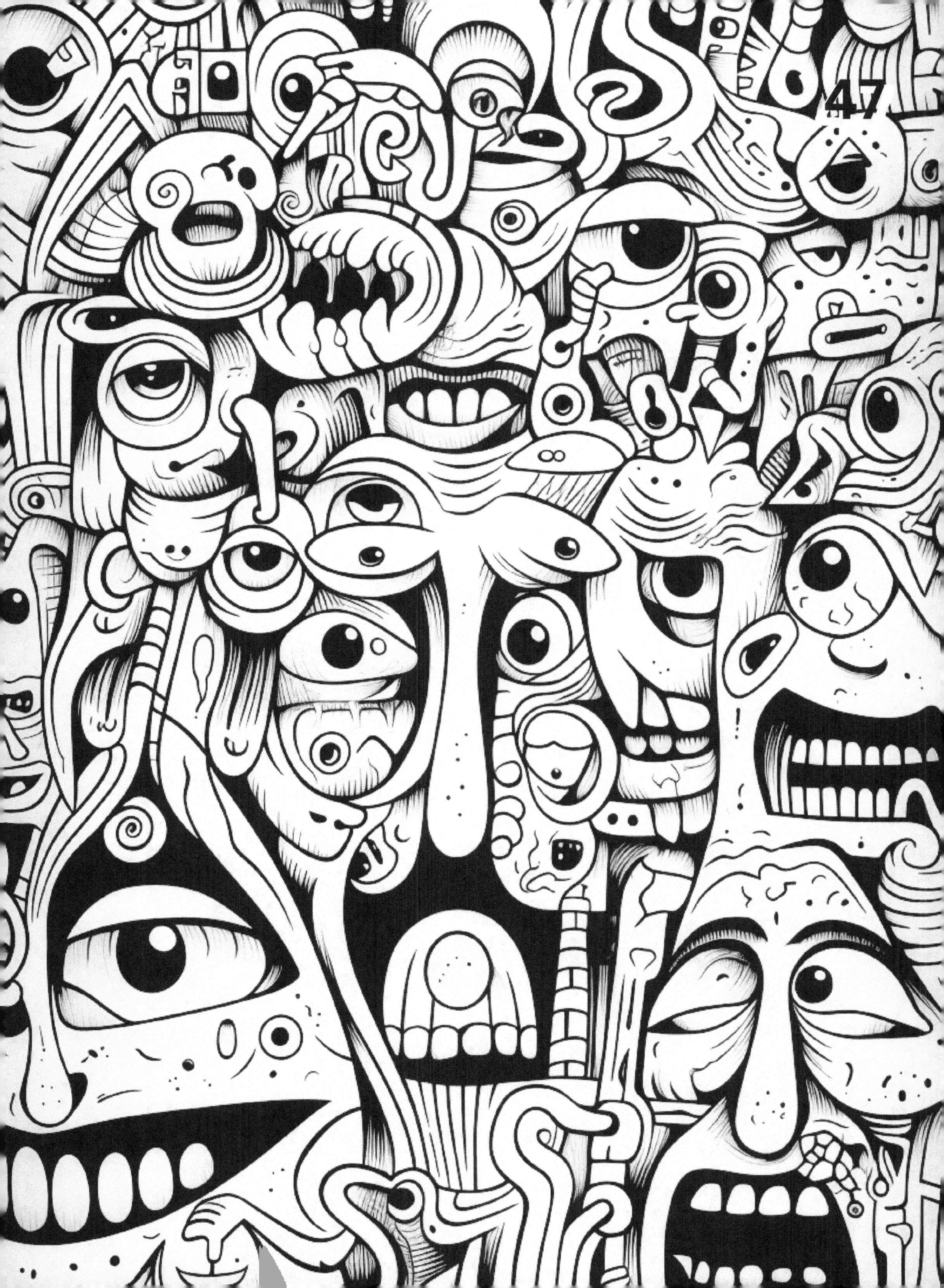

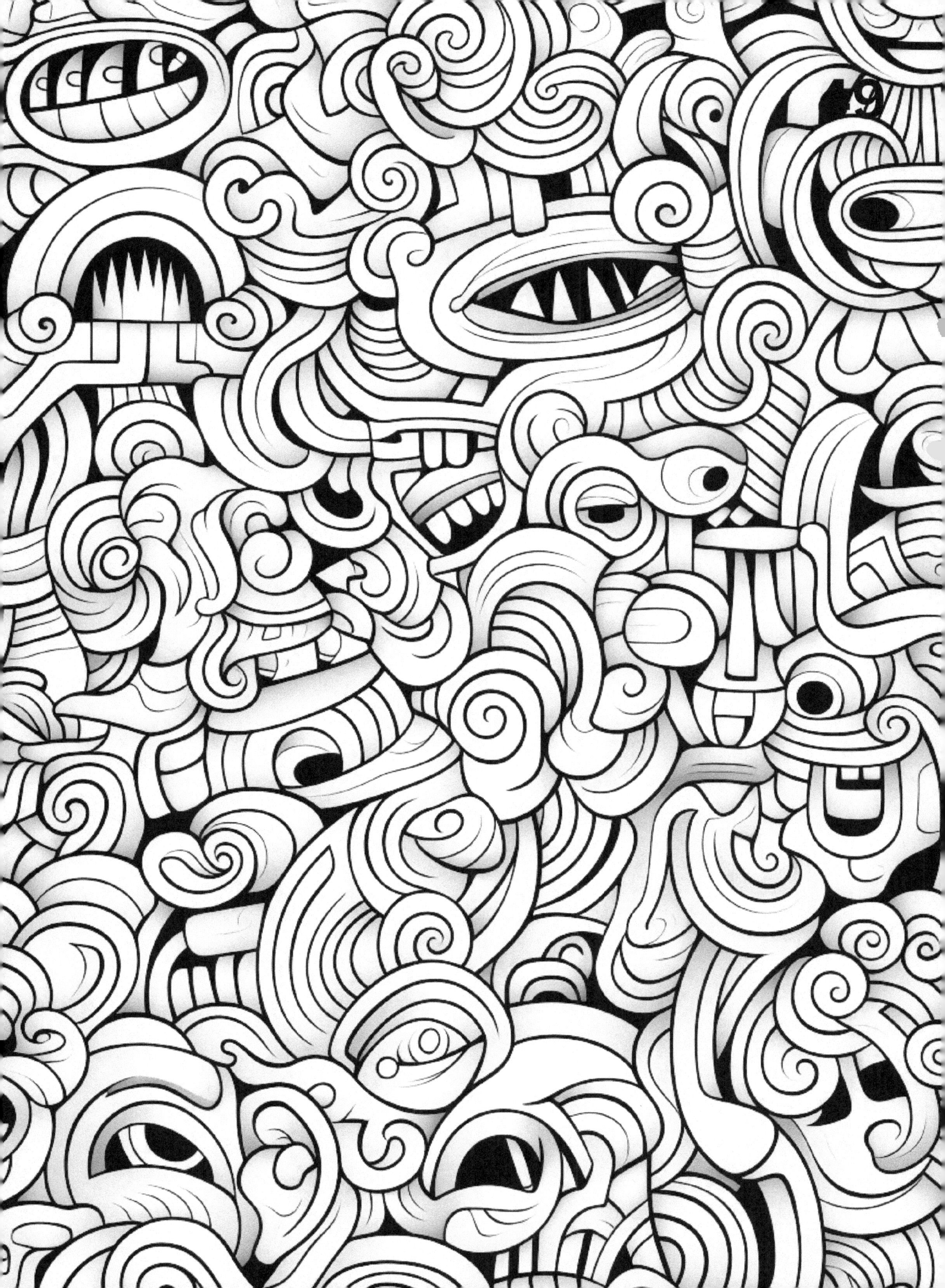

50

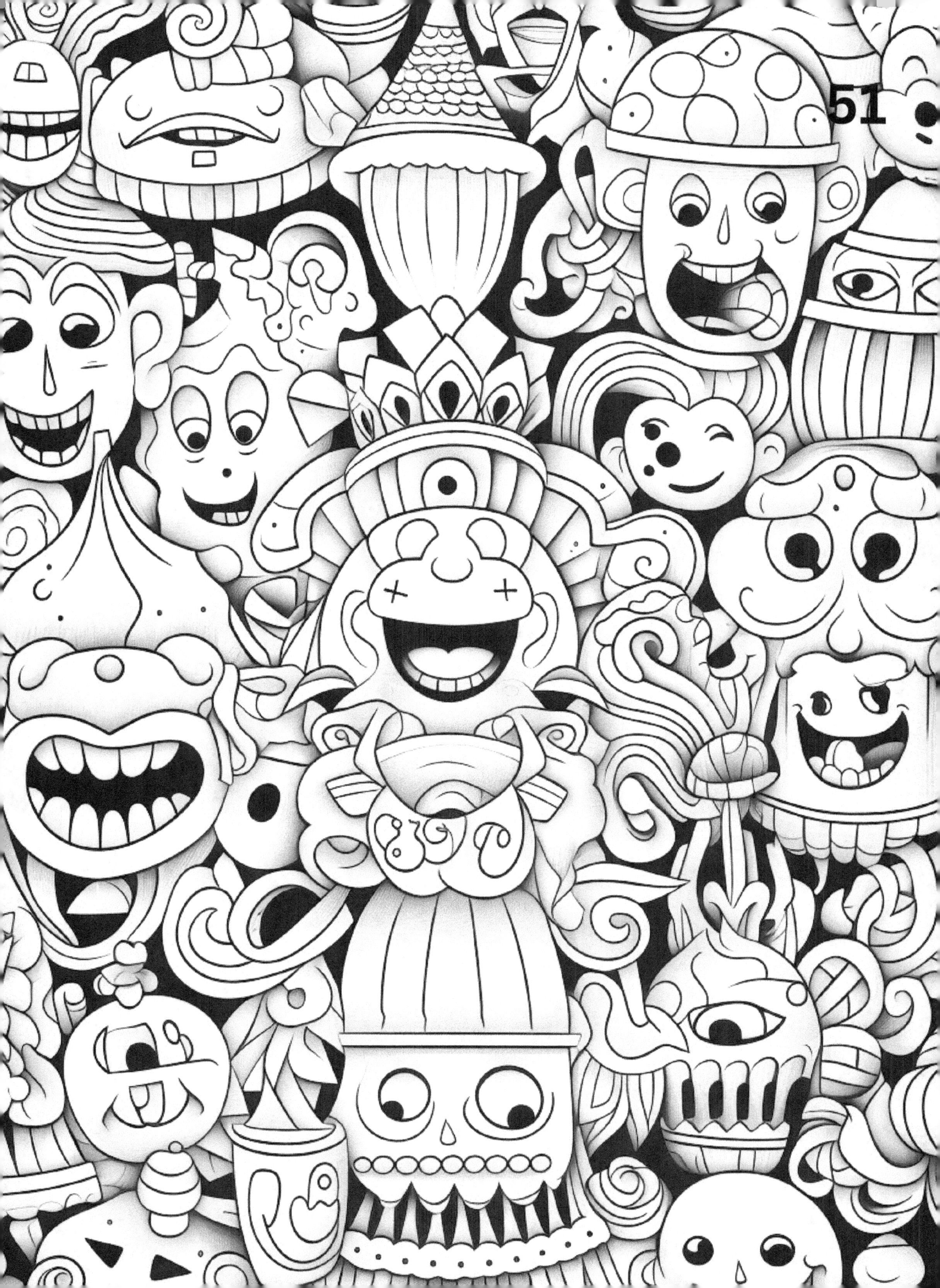

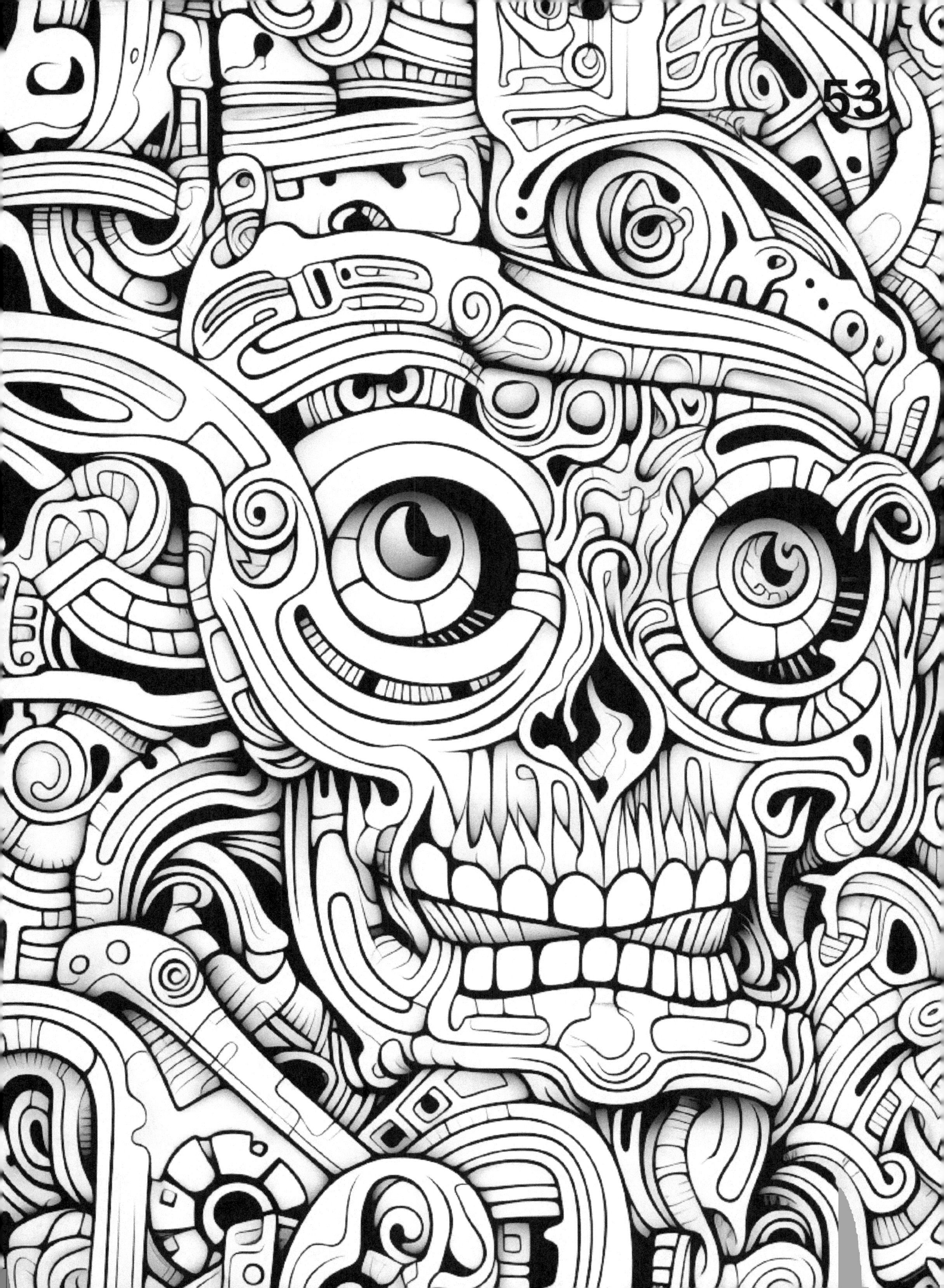
53

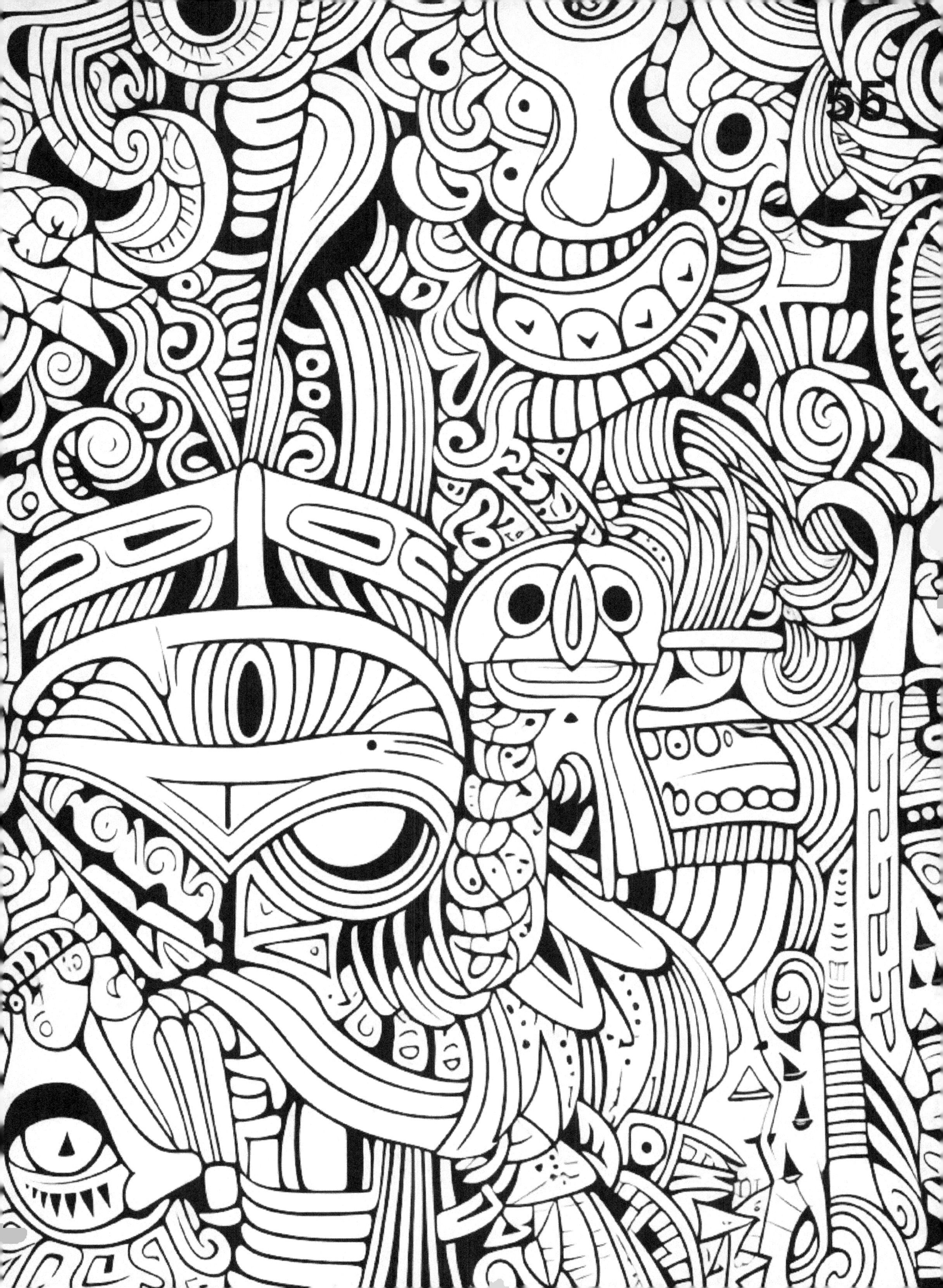

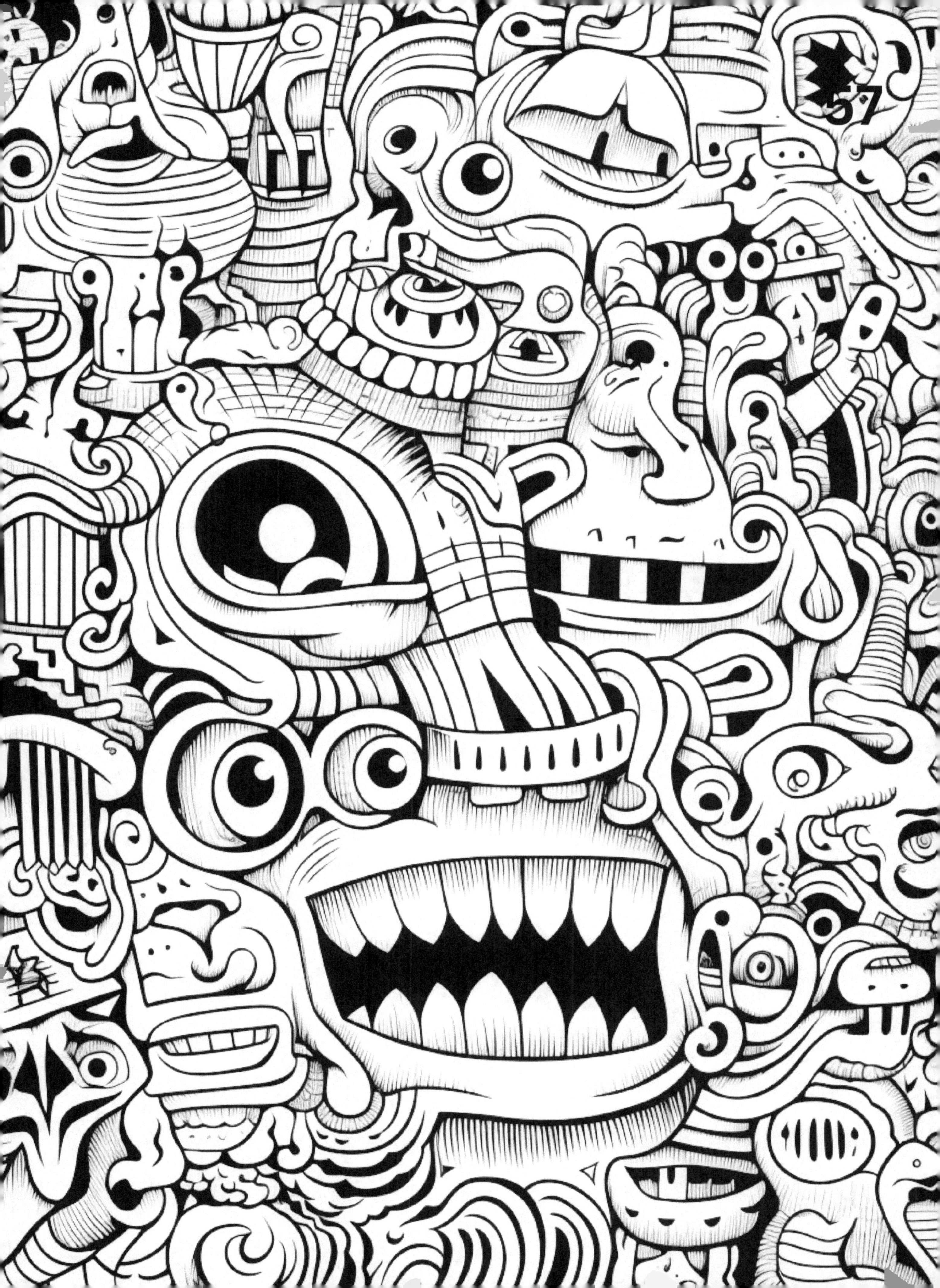
57

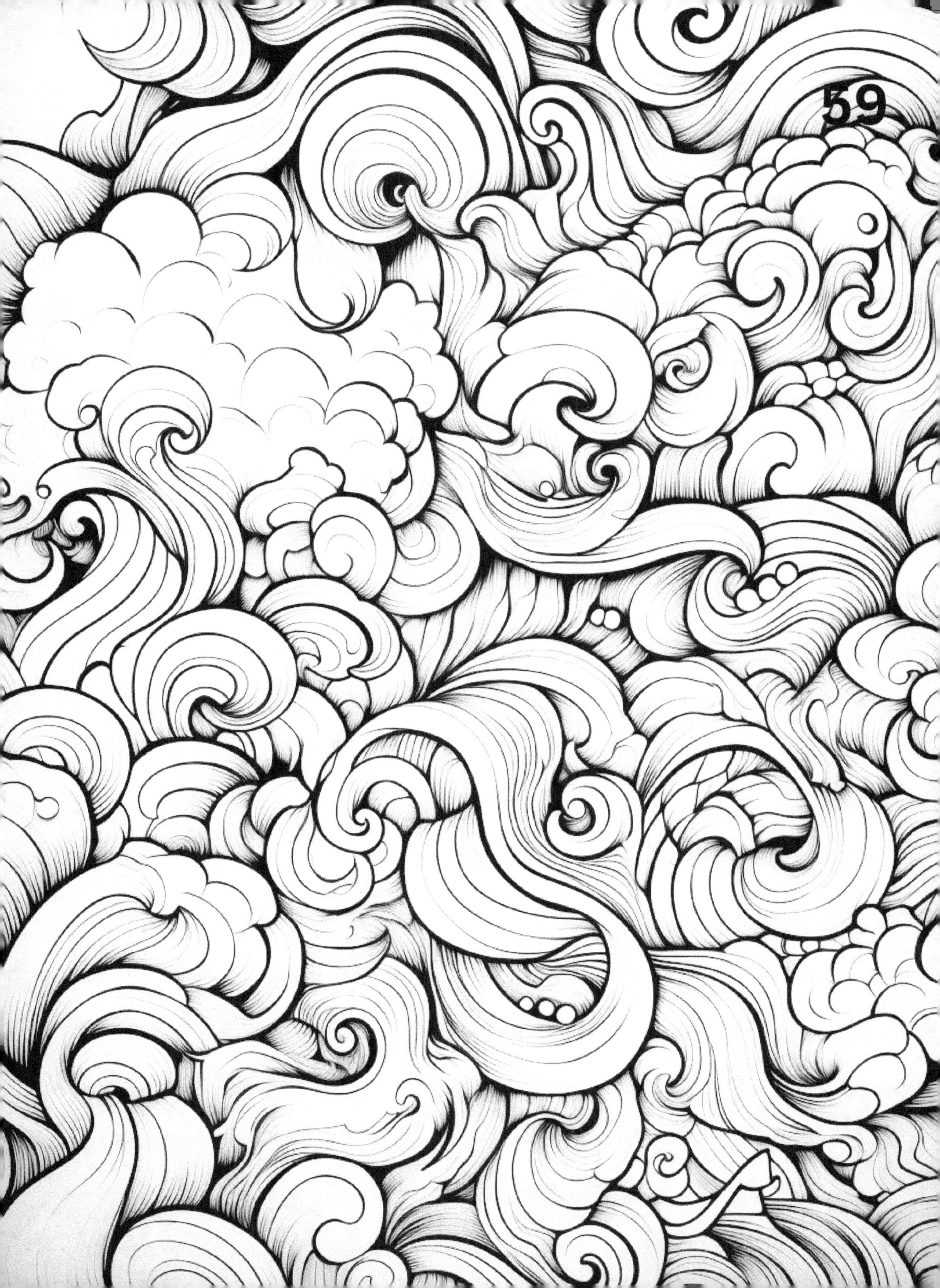
59

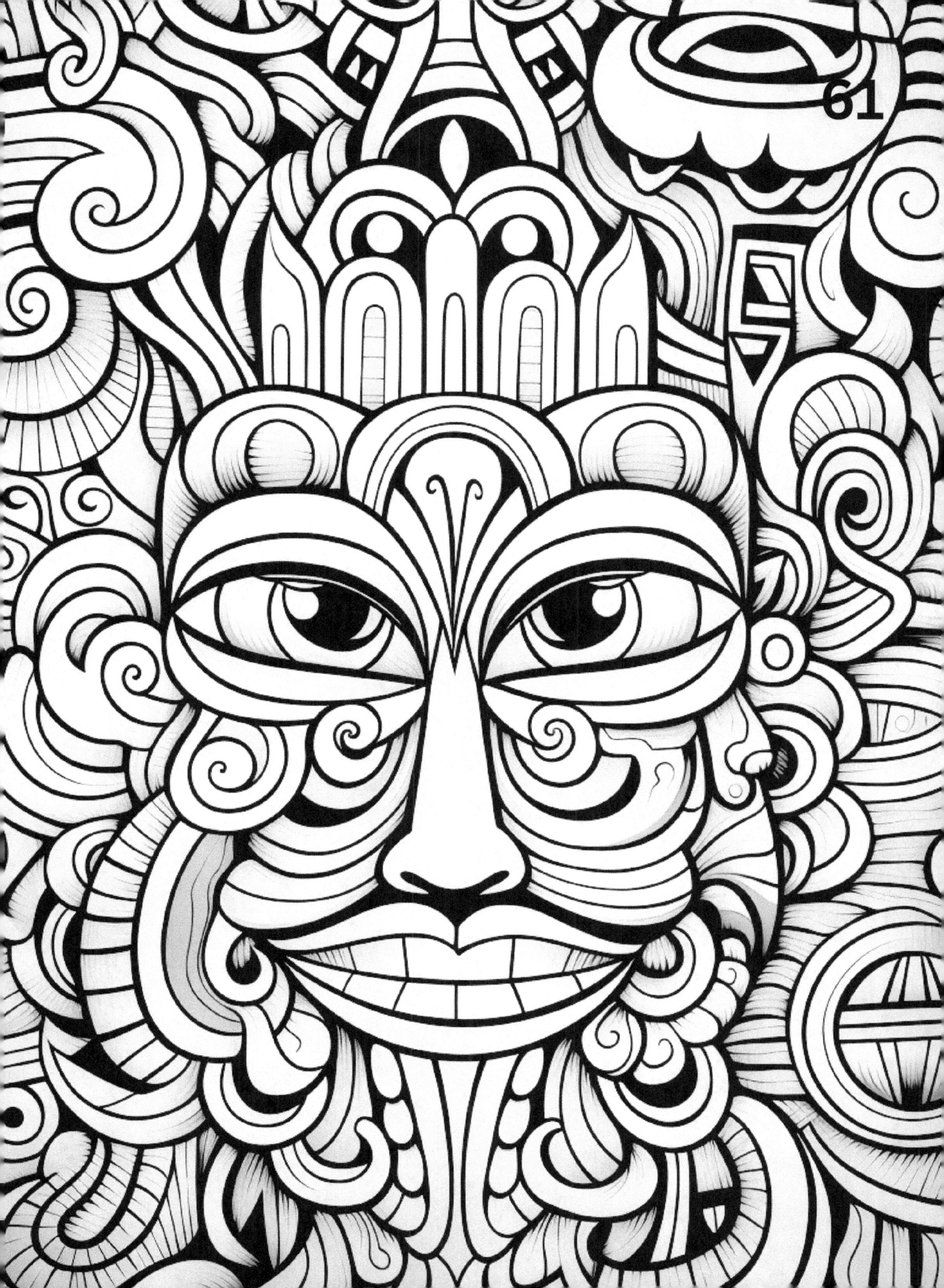

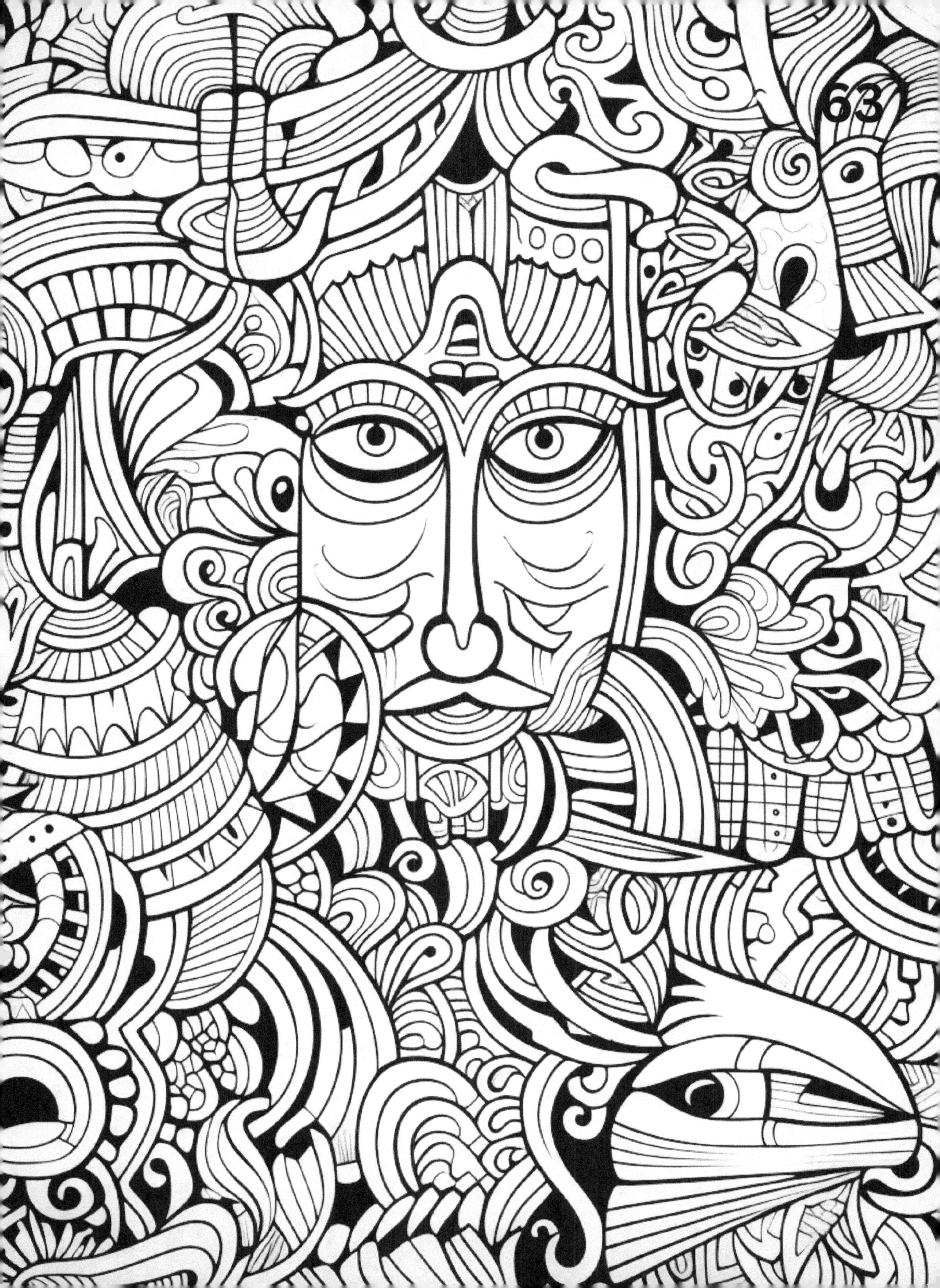

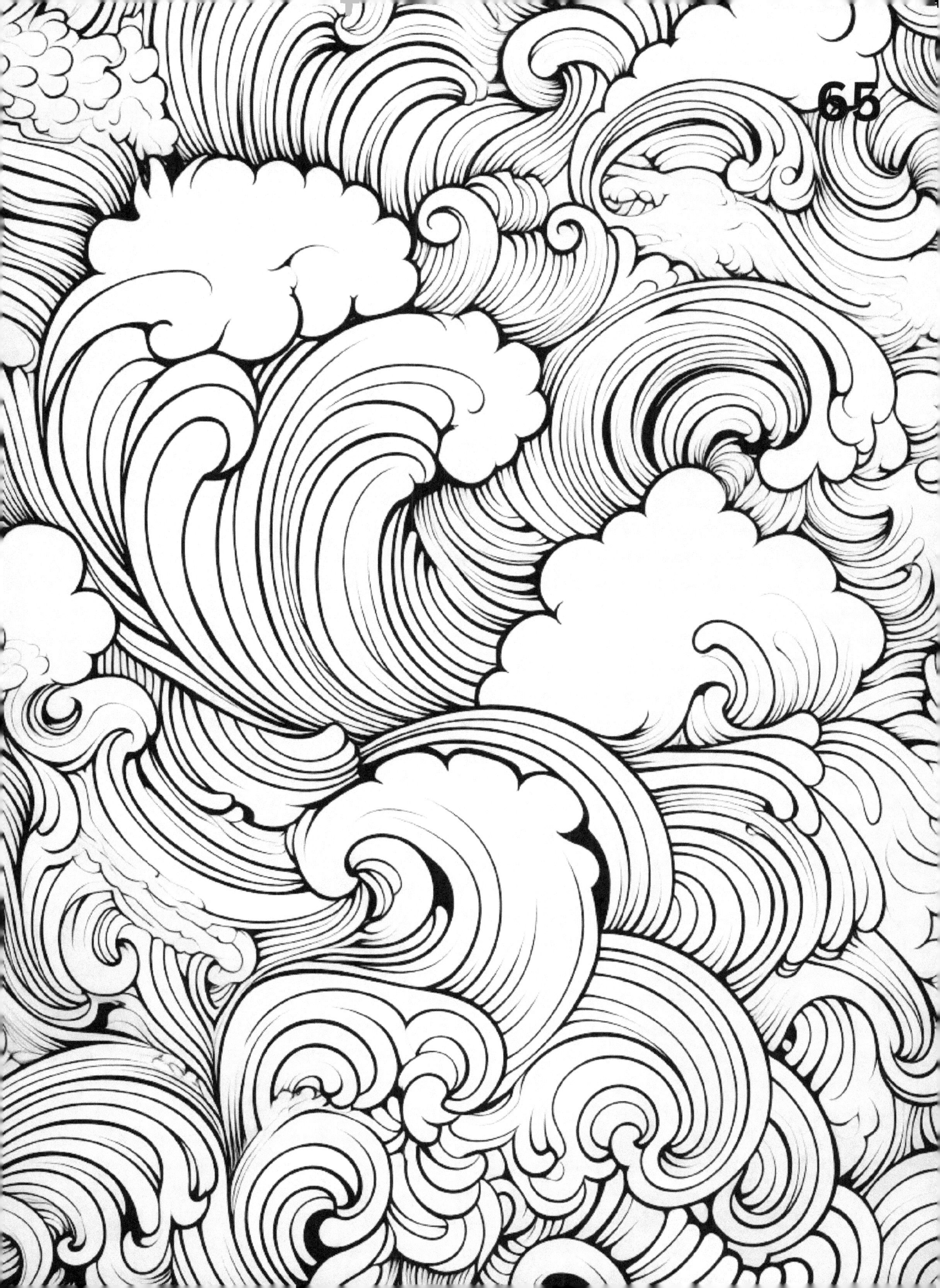

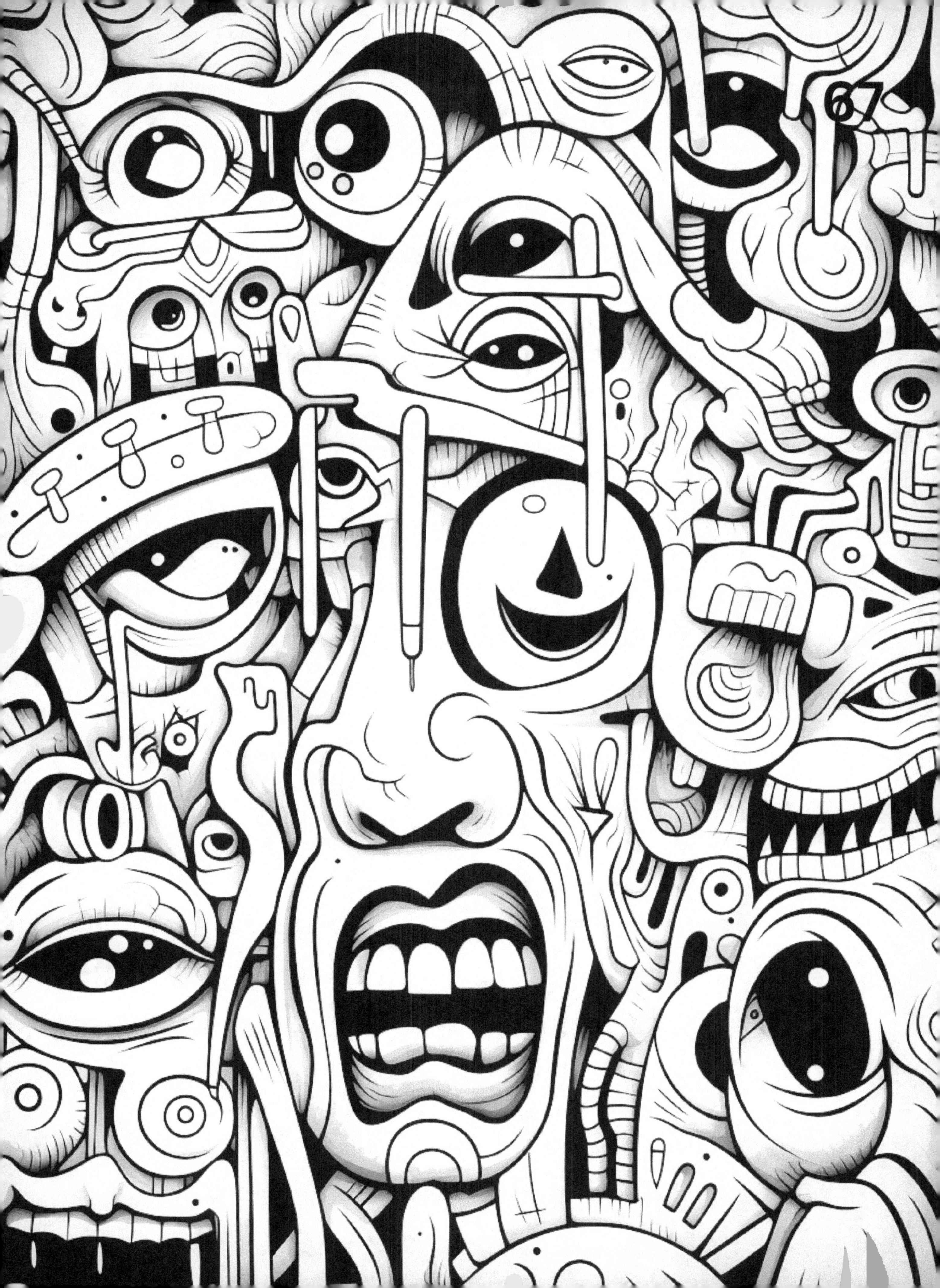

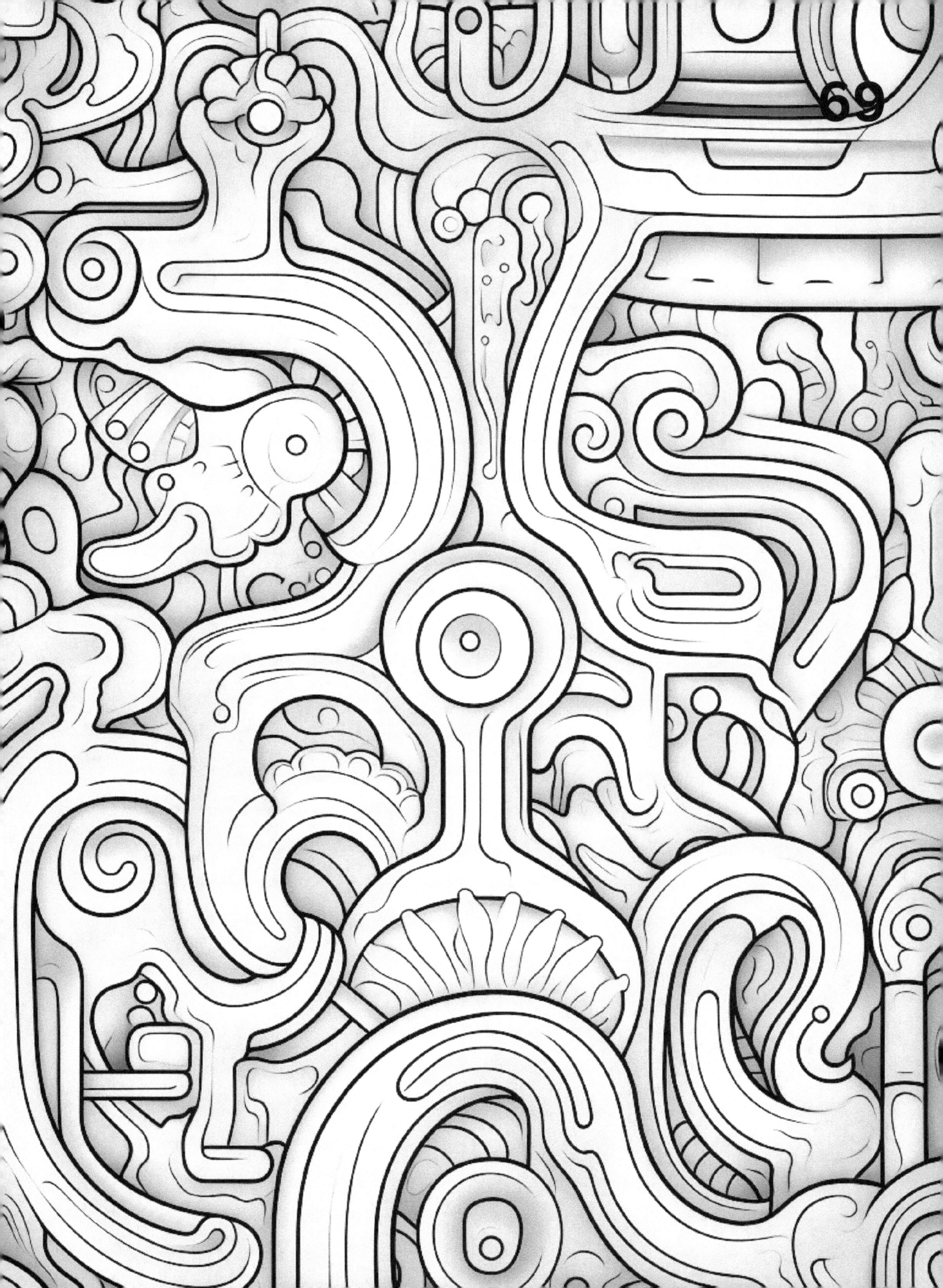

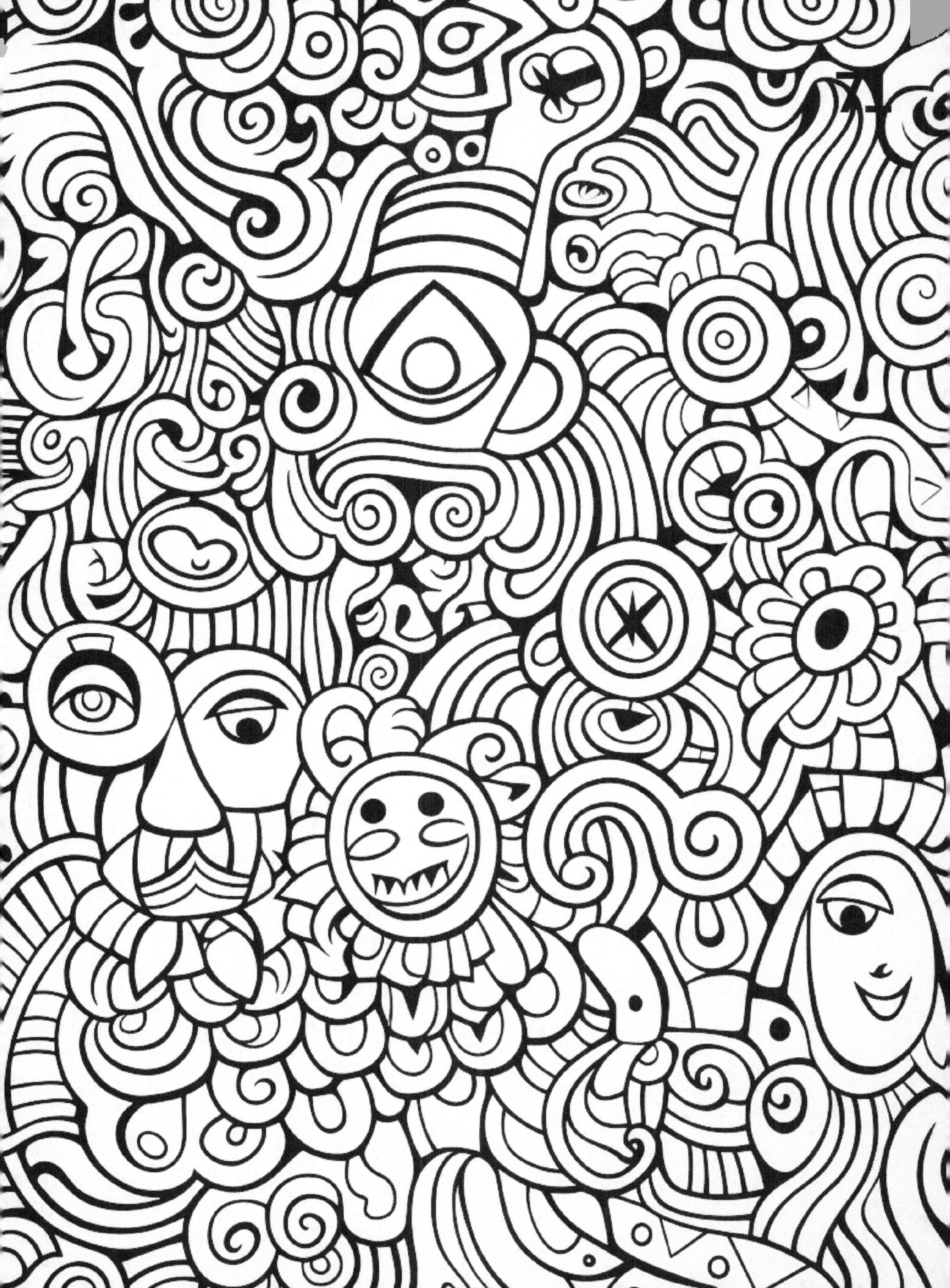

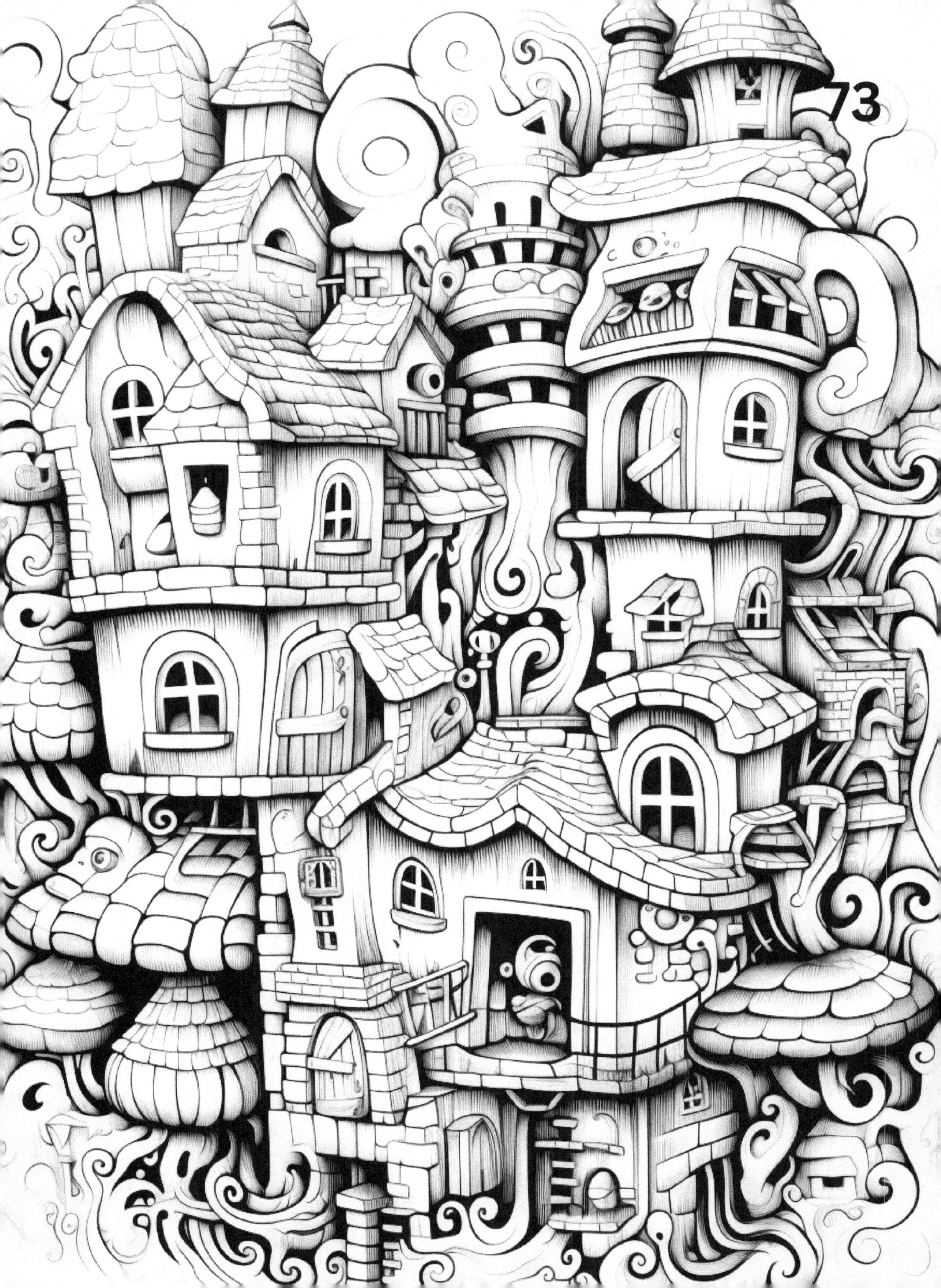

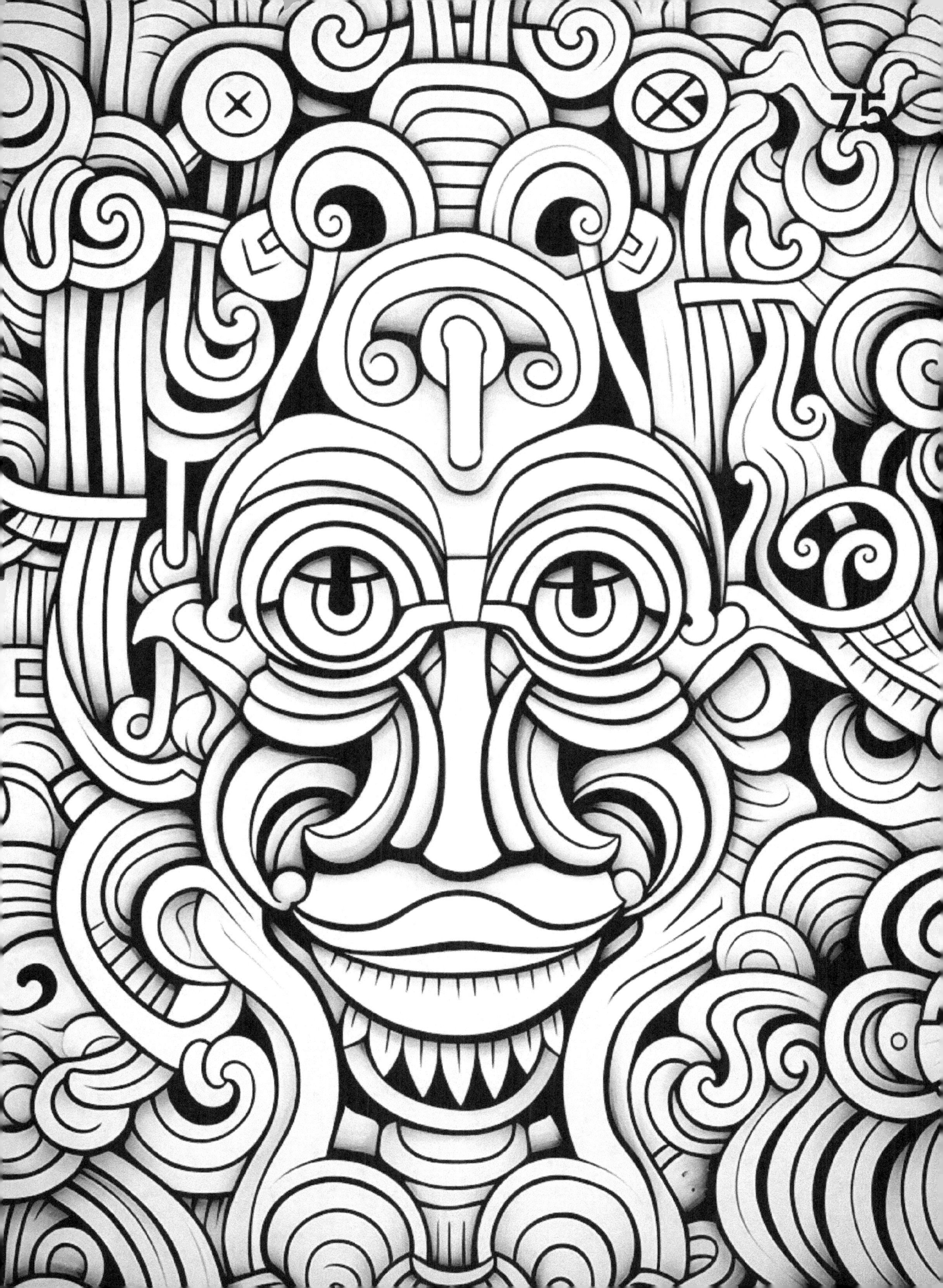
75

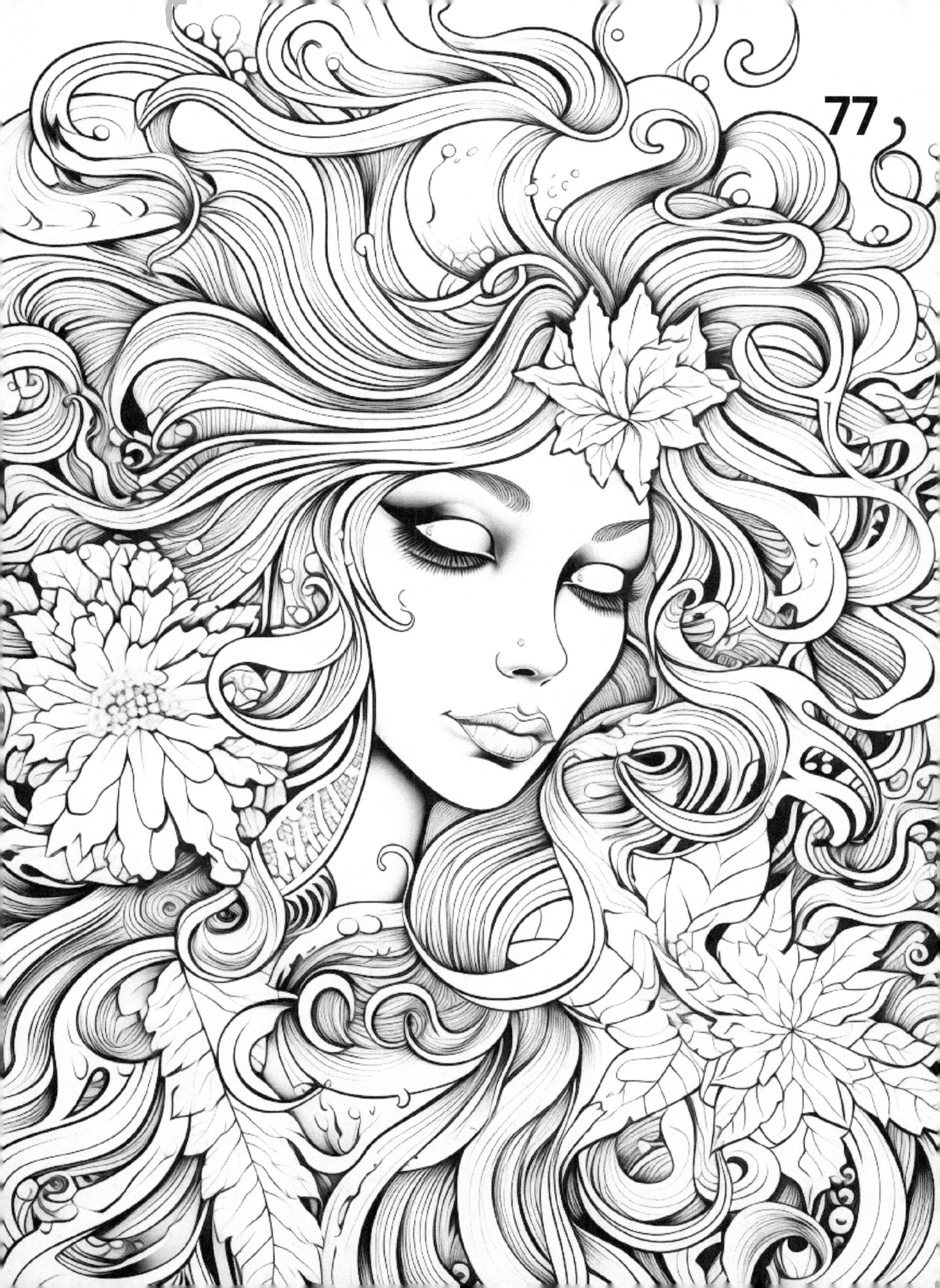

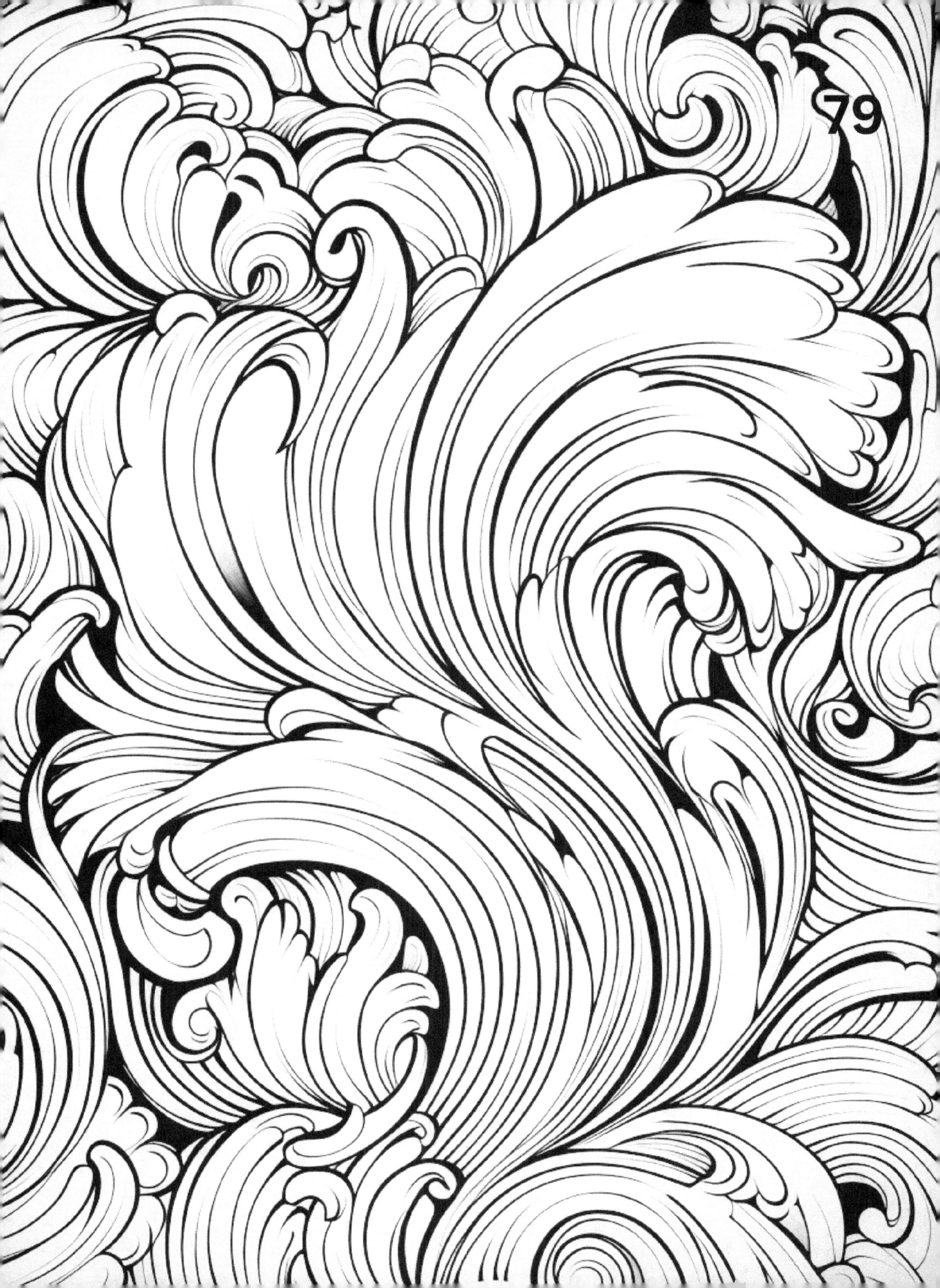

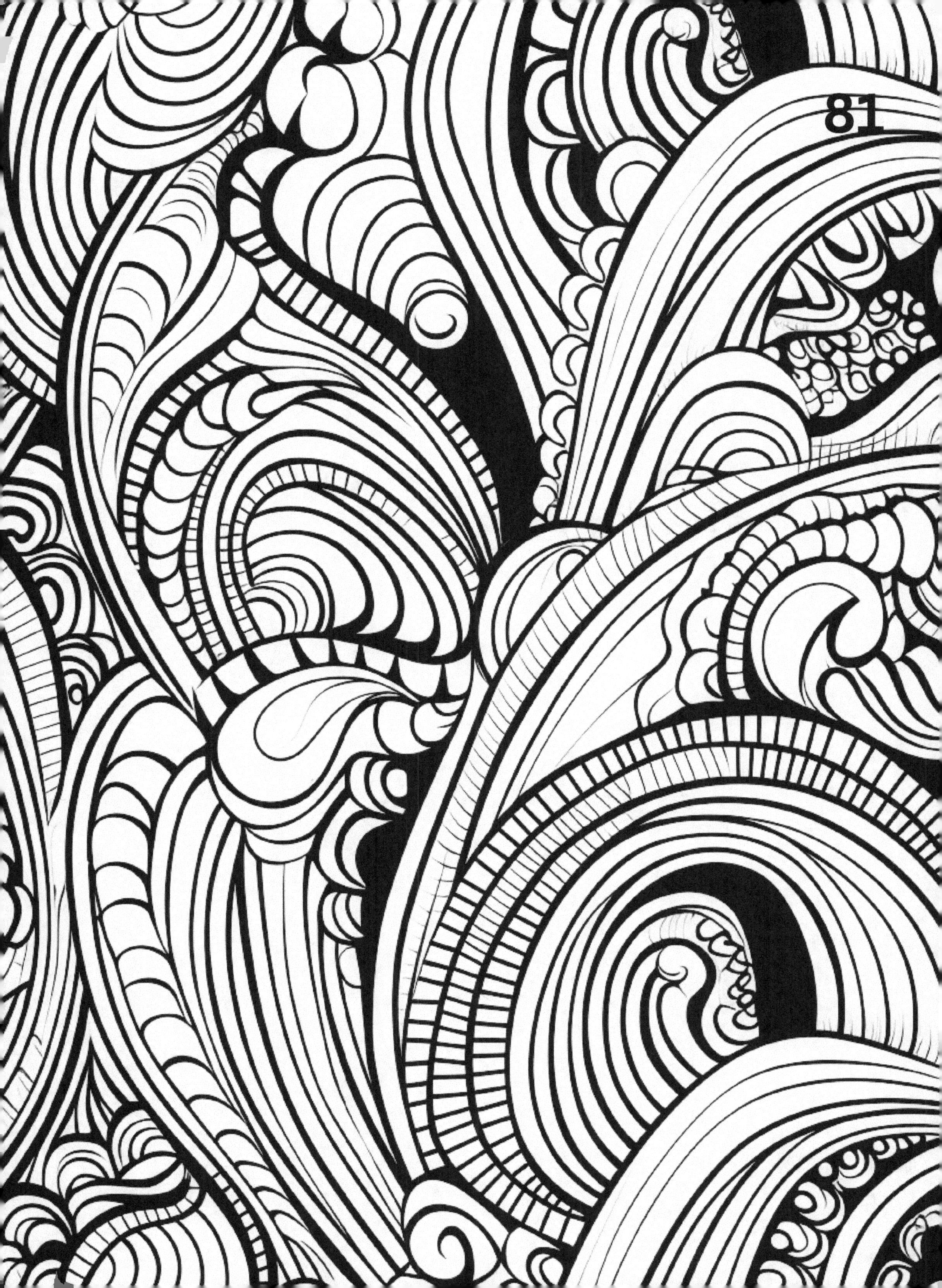
81

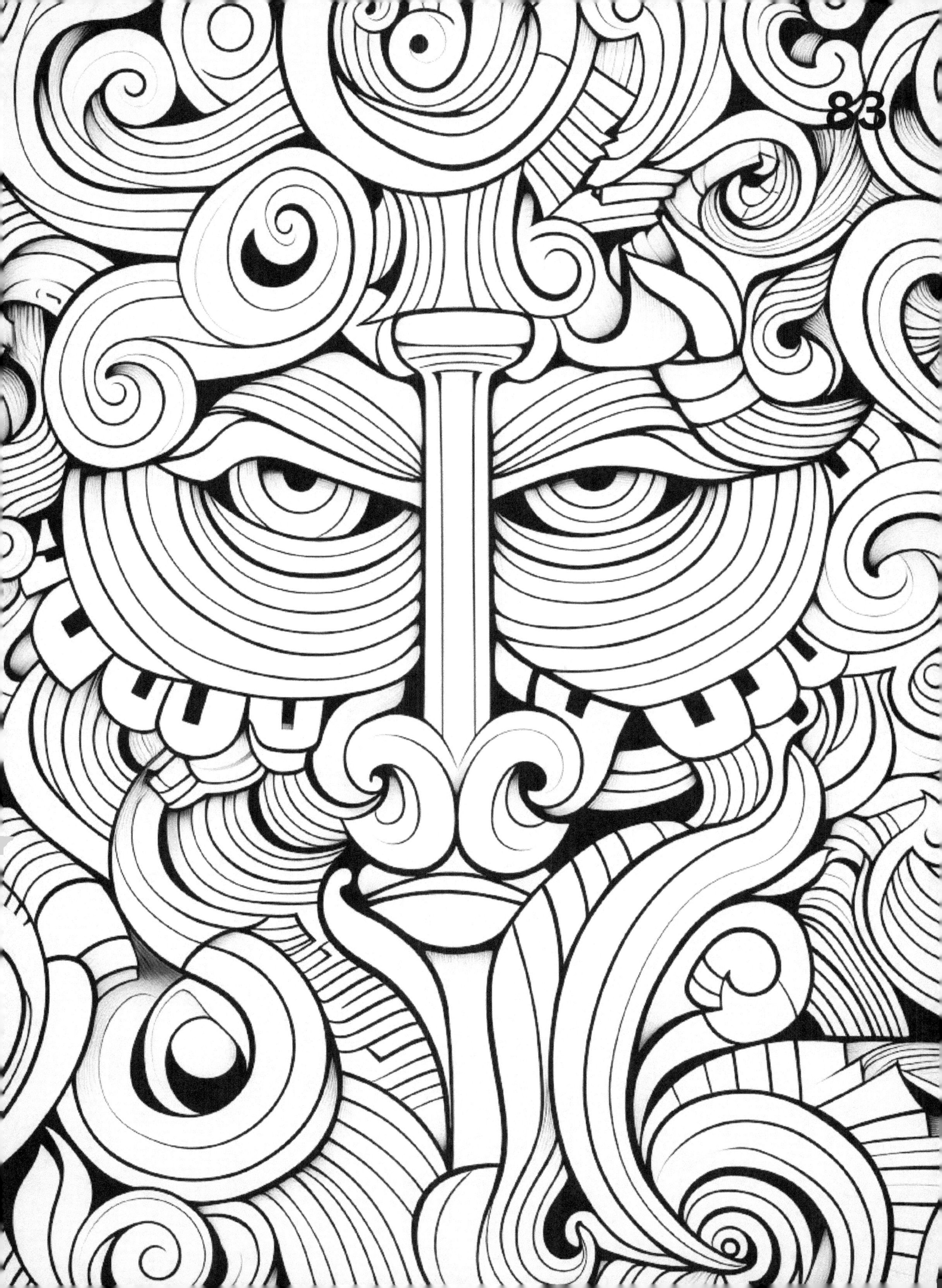

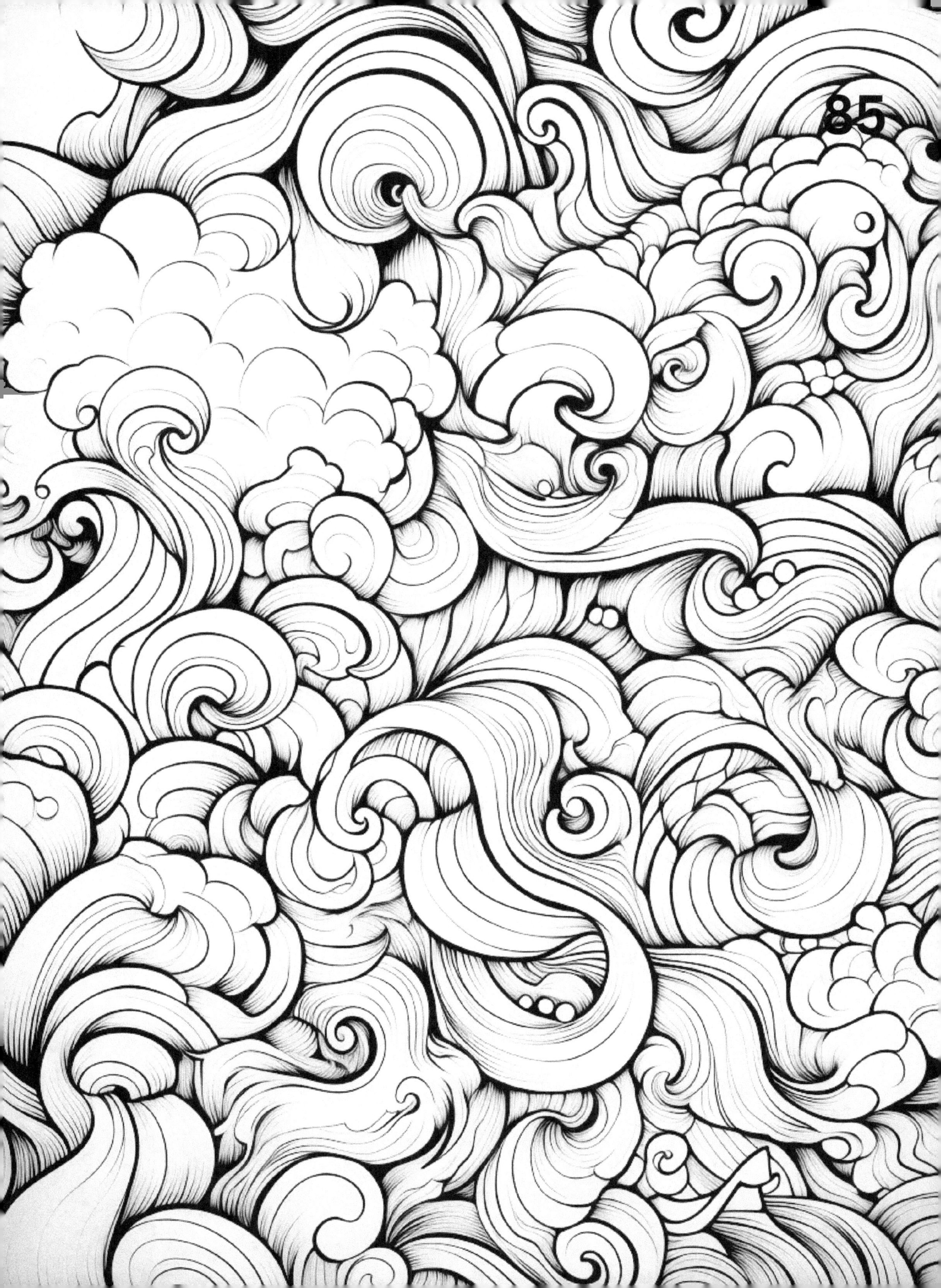

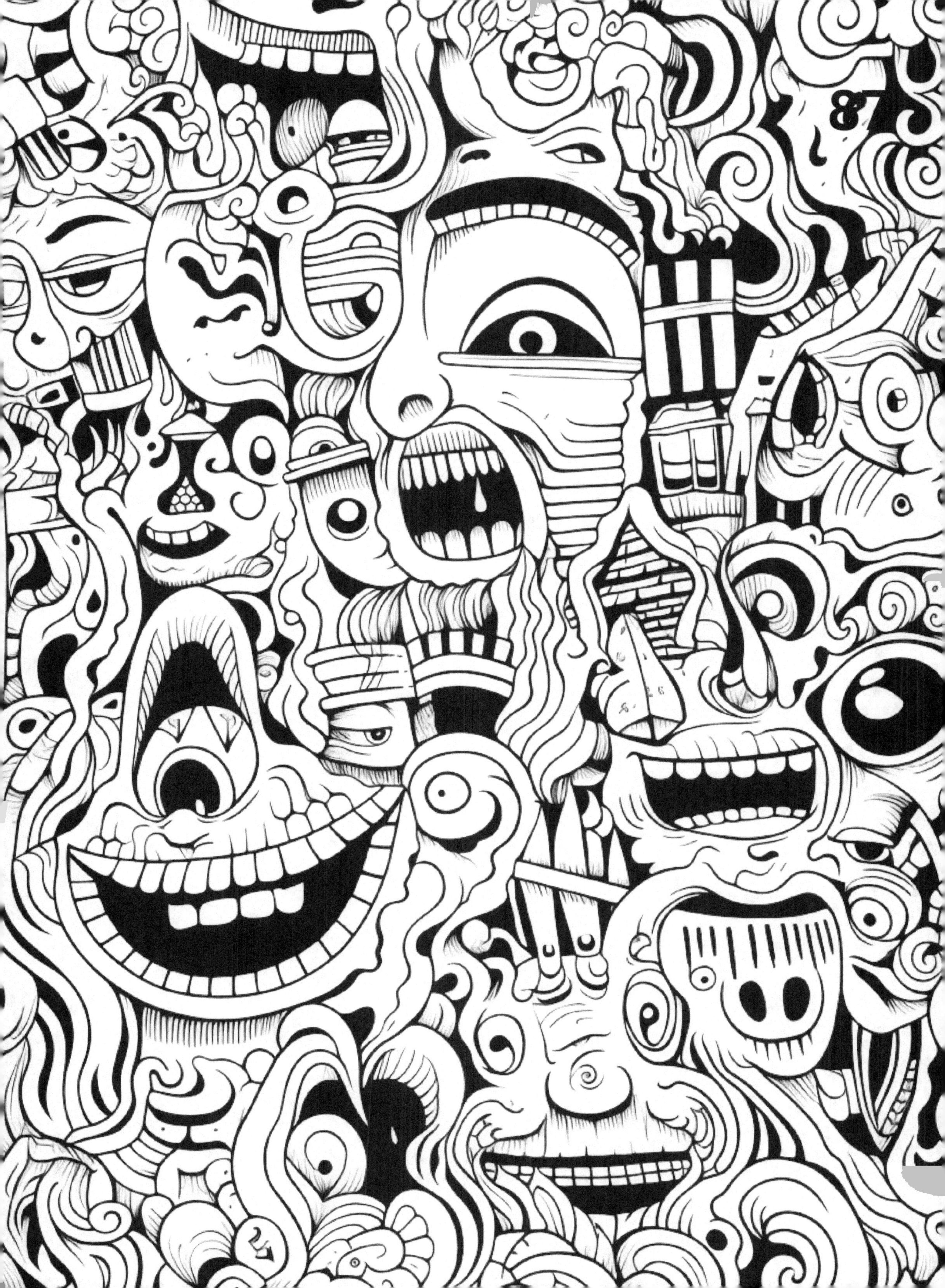
87

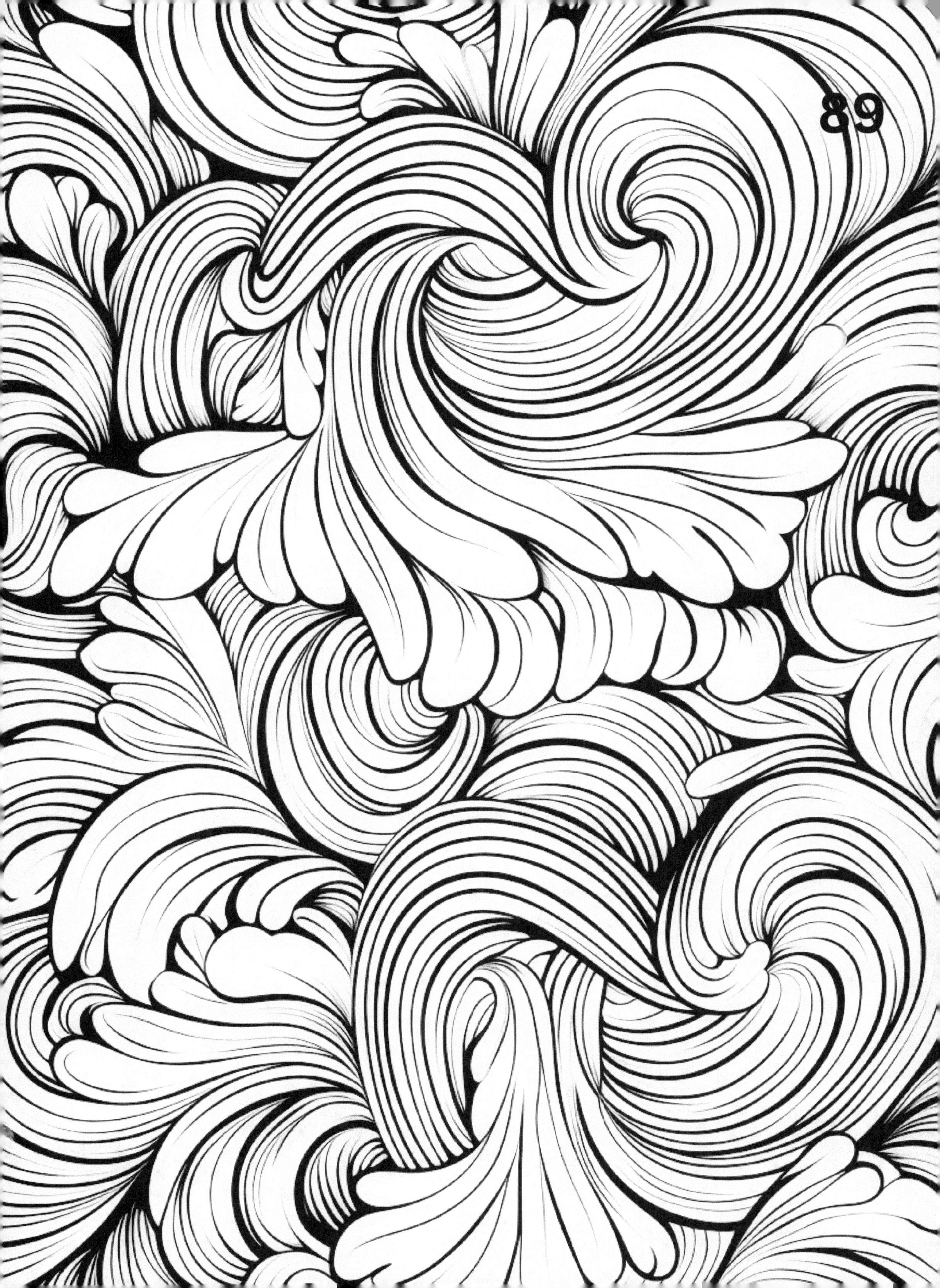
89

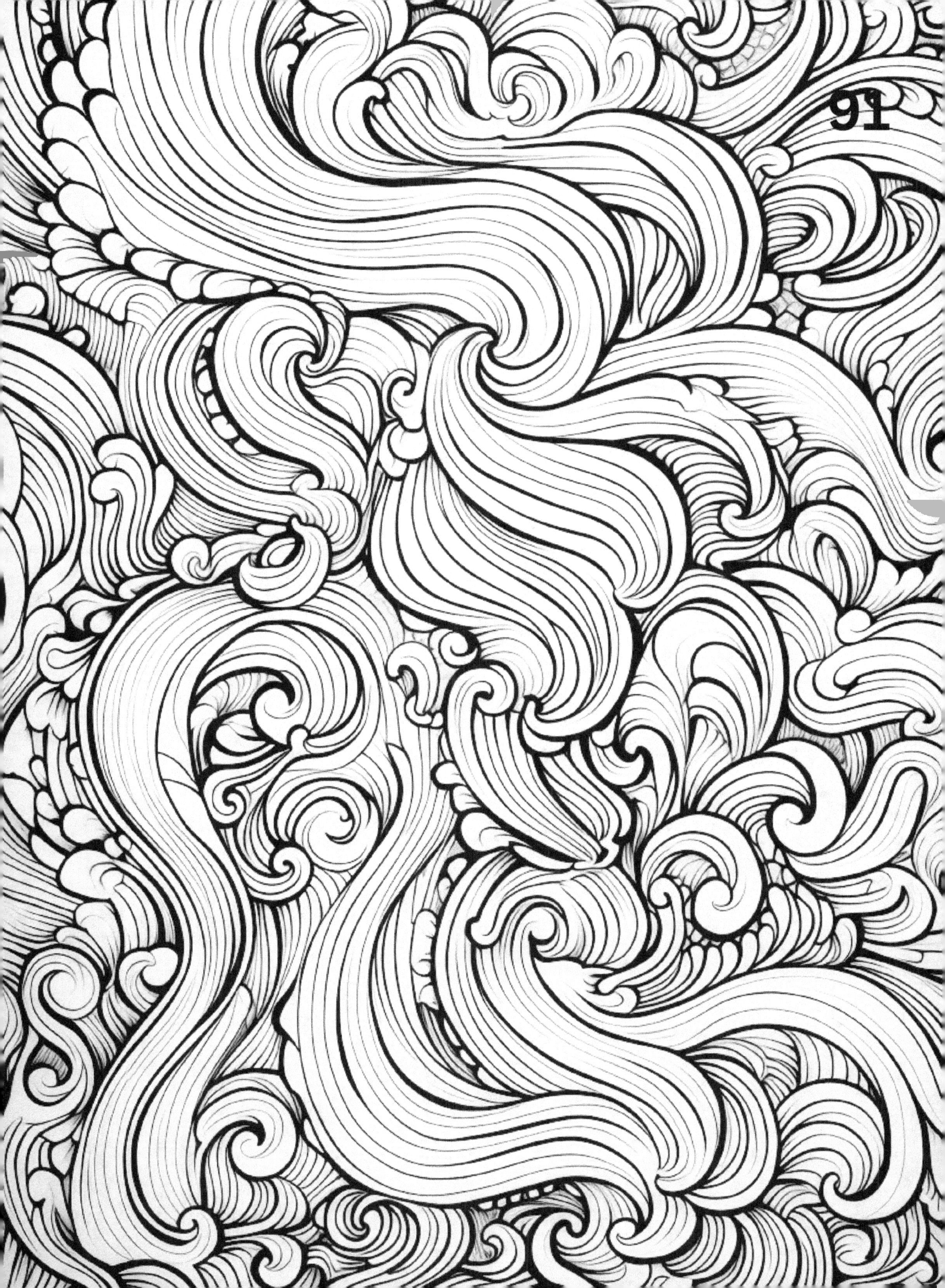

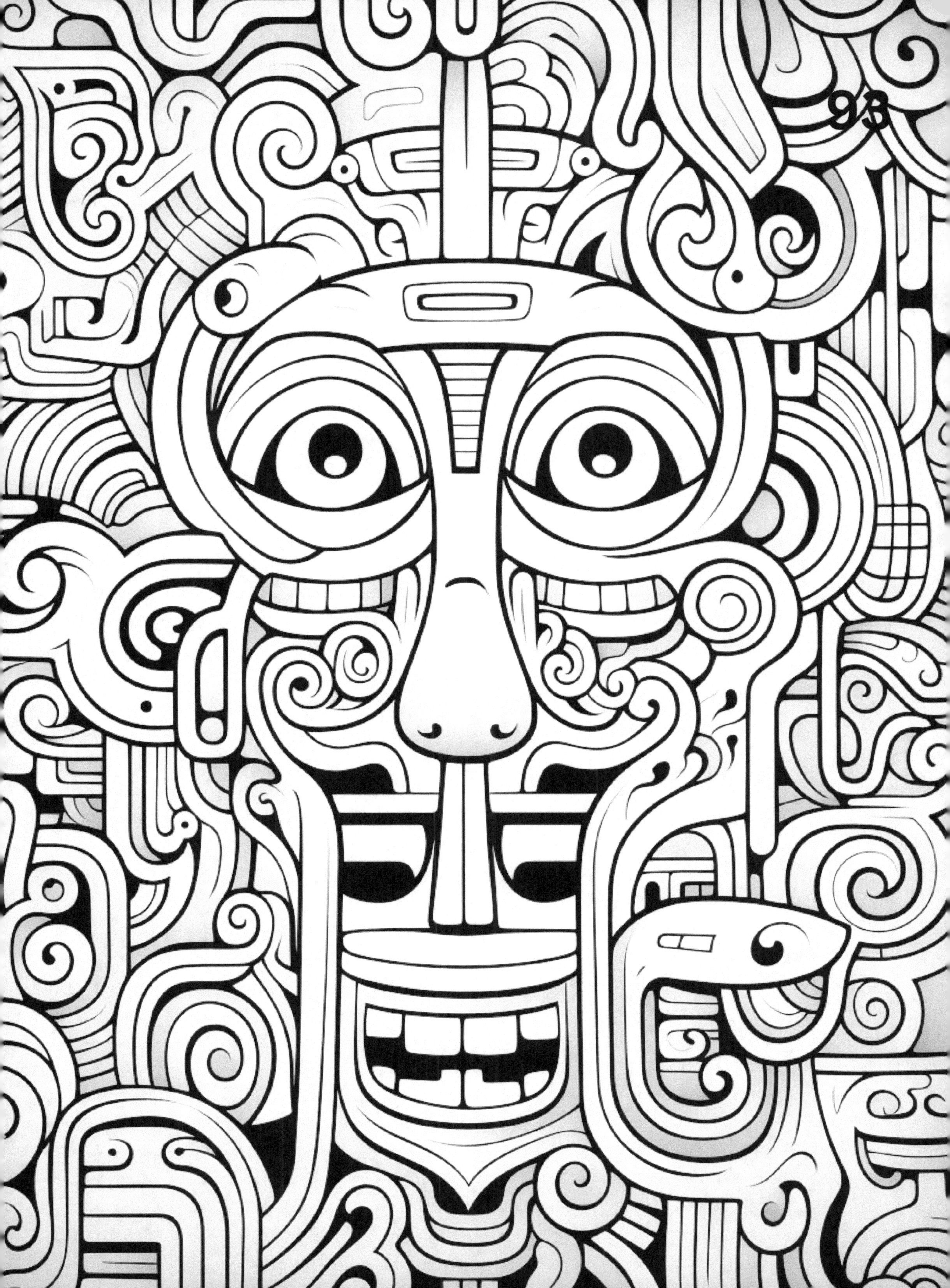

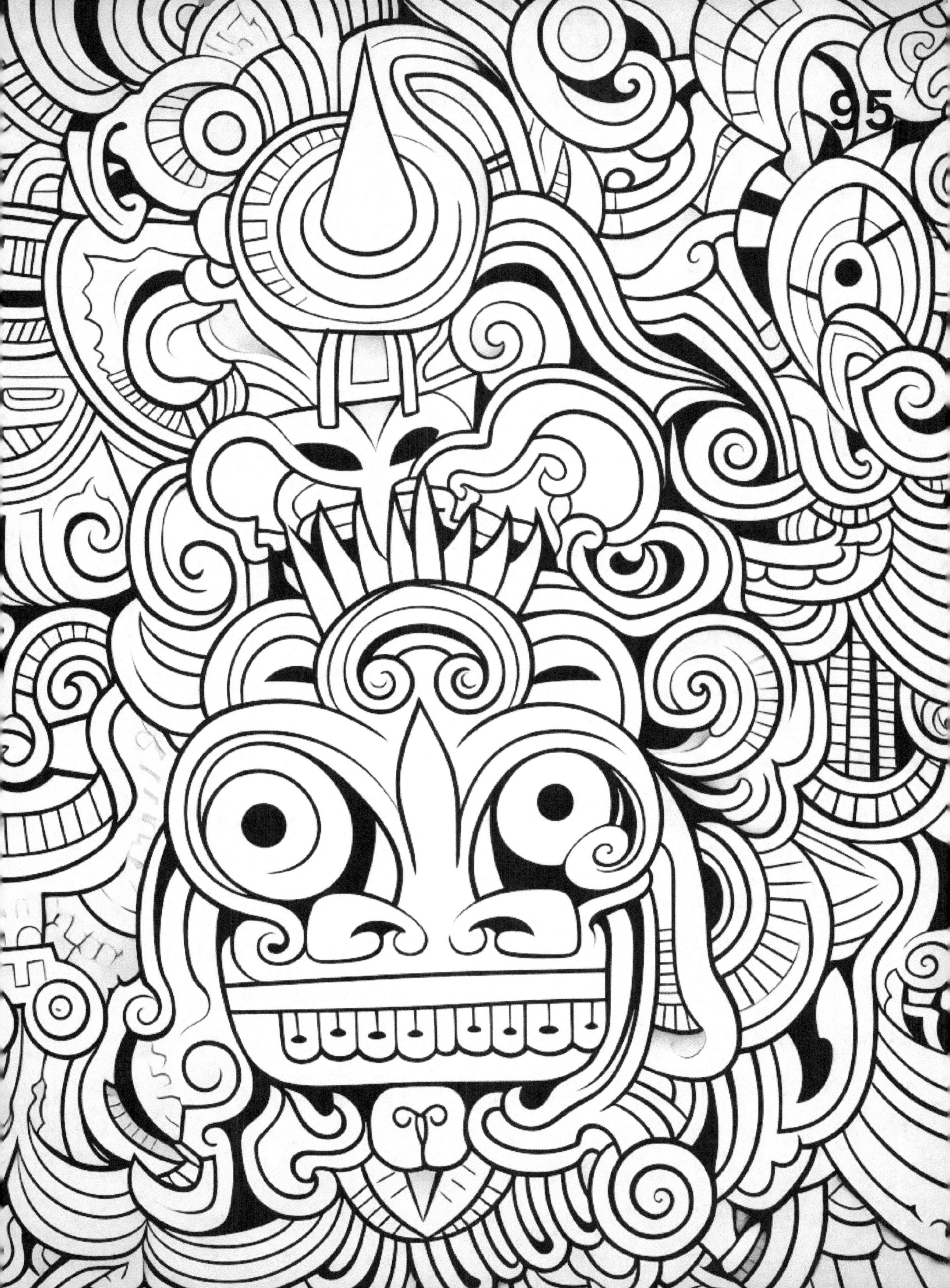

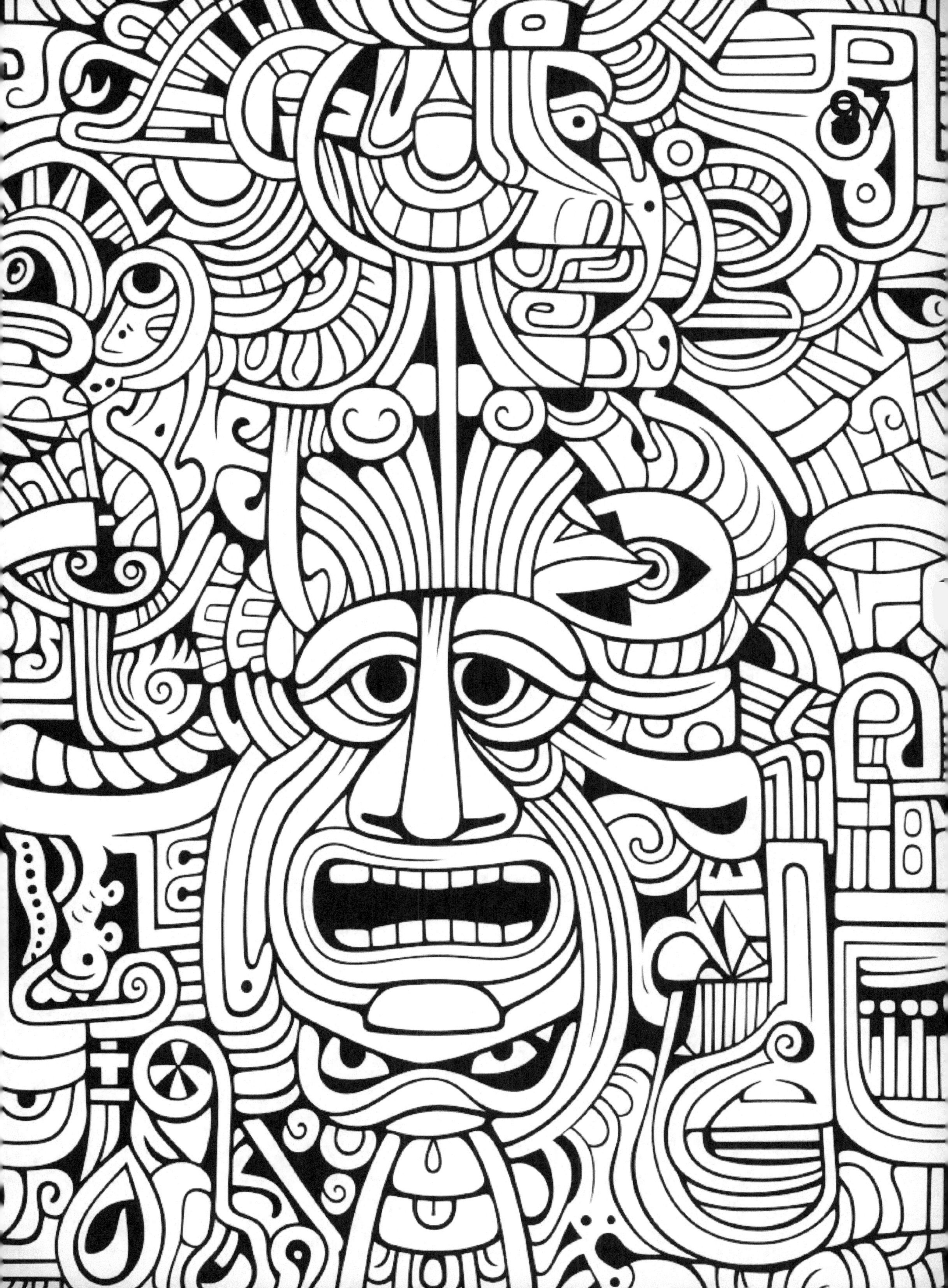

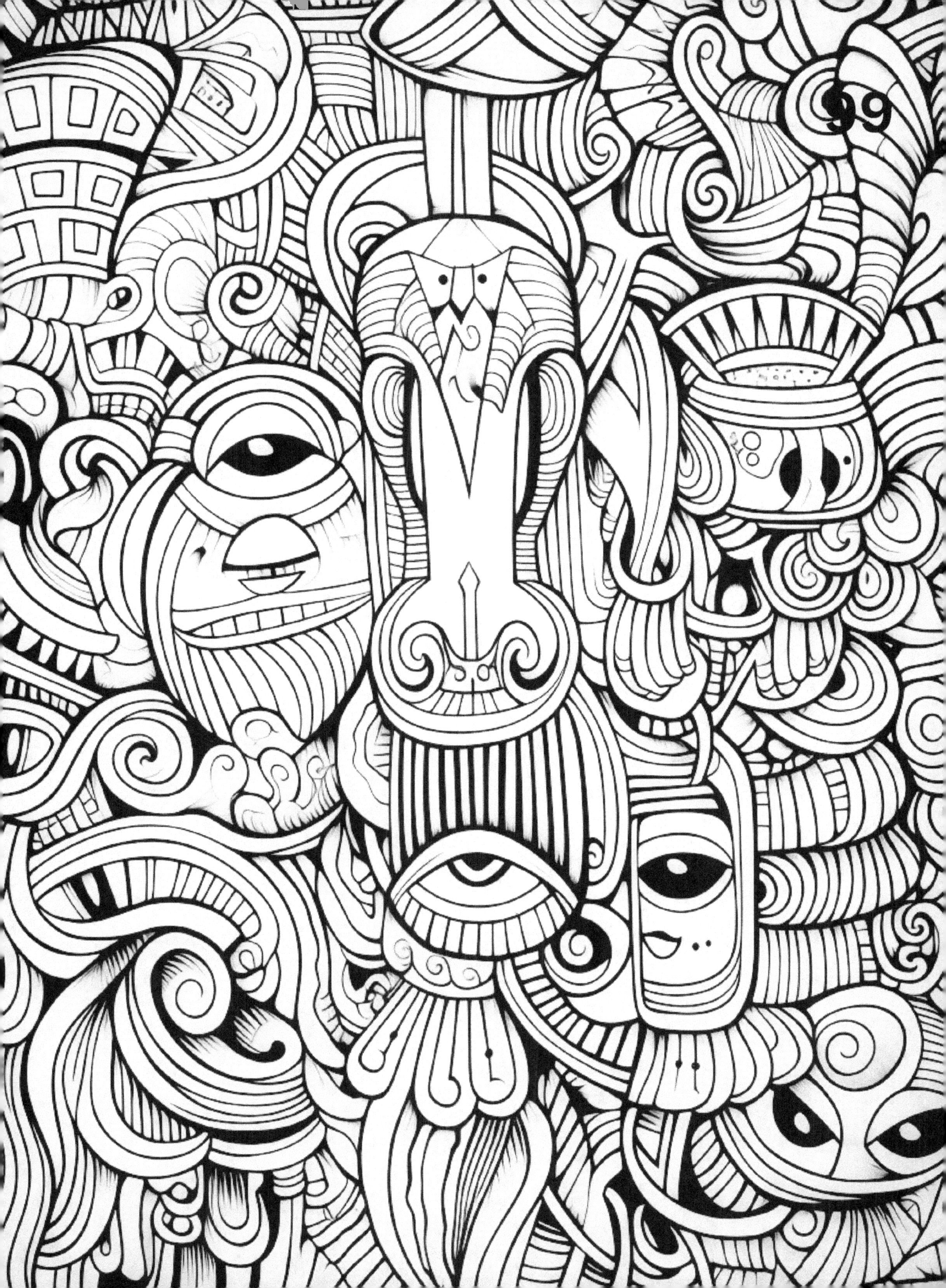